www.tredition.de

AF177572

Bernhardin Mercy

Ham Se etwa auch
auch

KREBS

und weitere Ereignisse zwischen
Himmel und Erde

© 2019 Bernhardin Mercy

Verlag: tredition GmbH, Hamburg

ISBN
Paperback: 978-3-7482-2580-5
Hardcover: 978-3-7482-2581-2
e-Book: 978-3-7482-2582-9

Gesundheit ist kein Zustand,

       Gesundheit ist ein Prozess.

Dabei handelt es sich <u>NICHT</u> um einen Gerichtsprozess, sondern um einen

       ENTWICKLUNGSPROZESS.

B. M.

Als ich niesen musste, sagte eine vorübergehende Dame

Gesundheit!

zu mir. Darüber freute ich mich und antwortete:

Danke!

Vor zehn Jahren sagte mein Hausarzt zu mir, ich hätte eine Zyste auf der Leber, ob ich Alkoholikerin wäre.

Nee, eigentlich nicht.

Ich müsse die Zyste im Auge behalten. Im Zuge meiner realen und mentalen Aufräumungsarbeiten fiel mir das wieder ein. Also erbat ich eine Überweisung zum Röntgeninstitut. Nach dem CT bat der Röntgenarzt mich in sein Arbeitszimmer. Er sagte, die Zyste auf der Leber könne man vernachlässigen, er habe einen Tumor im Magen entdeckt. Den zeigte er mir auf dem Computerbildschirm. Kreisrund, 7,5 cm Durchmesser, mit fester Umrandung. Dreimal nacheinander sagte ich: „Das passt nicht zu meinem Selbstbild."

Der Röntgenarzt schaut mich lieb an und sagt: „Das gehört nicht dahin, lassen Sie es bald rausnehmen."

Ich frage: „Und wenn ich das nicht mache?"

„Dann haben Sie nicht mehr lange."

Das ist deutlich. Sehr deutlich. (So werde ich das niemandem sagen, sondern für mich behalten.)

„Lassen Sie sich bald operieren. Was man Ihnen danach vorschlägt, Sie müssen das nicht alles machen."

Das ist undeutlich deutlich.

Nun muss ich wohl mein Selbstbild erweitern.

Als ich hinausgehe, streicht der Arzt mir über den Arm, also über den Ärmel. Das ist nicht unangenehm.

Am Abend rufe ich eine Freundin an und berichte ihr … Sie ruft ins Telefon: „Du hast nichts, du hast nichts. Leute, die Krebs haben, die sehen ganz anders aus! Ich kenne welche. Du hast nichts."

Ich lege auf und glaube ihr.

Dann rufe ich noch einen Freund an, der fragt: „Na, wie geht's denn so?" Wieder berichte ich. Höre nichts am anderen Ende der Leitung und dann, plötzlich, lautes Weinen. Wie erschrocken muss er sein, denke ich, und dass ich nicht mehr so einfach über diese „Sache" berichten darf. Fühlen, was der andere fühlen könnte, das nehme ich mir vor.

Am nächsten Tag gehe ich mit dem Röntgenbericht zu meinem Hausarzt. Er sagt: „Ich glaube nicht, dass es etwas Ernstes ist, wird schon gutgehen." Auch er streicht mir über meinen Arm. Wenn zwei Ärzte innerhalb von zwei Tagen über meinen Arm streichen, dann muss es wohl ziemlich schlimm um mich stehen. schlussfolgere ich. Der Hausarzt sagt noch, früher habe man Tumor gesagt, aber heute nicht mehr, weil die meisten Leute mit Tumor etwas Bösartiges verbinden würden, nicht jeder Tumor sei bösartig. Heute würde man Raumforderung sagen, abgekürzt RF. Nun weiß ich das auch.

Ich nenne das Gebilde in meinem Magen weder Tumor noch Raumforderung und spreche es direkt an.

Hallo, liebes Gebilde in meinem Magen.

Ich grüße dich und versichere dir, ich bin nicht dein Feind. Ich werde dich nicht bekämpfen. Du hast einen oder mehrere Gründe, weshalb du zu mir gekommen bist. Ich kann die Gründe (noch) nicht erkennen, werde aber darüber nachdenken. Ich kümmere mich um dich. Bitte, wachse nun nicht mehr weiter und bitte streue nicht aus. Halte alles im Innern der Kapsel. Du verdienst Respekt und positive Aufmerksamkeit.

Nun wird ein CT verordnet und dann noch eines und dann ein MRT.

Das letzte CT hat eine Unklarheit bezüglich der linken Nebenniere ergeben.

Deren Form sei nicht, wie sie sein sollte.

Sie wäre verklumpt, die Nebenniere.

Vielleicht, ganz vielleicht soll die entfernt werden.

Auch entfernt werden.

Jetzt setze ich alles auf eine Karte,

ich will klar Schiff machen in – mit meinem Körper.

Darum frage ich den Chirurgen, ob er bei so einer OP gleich die Galle mit entfernen könne.

Er fragt: „Haben Sie Gallensteine?"

Ich antworte: „Steine nicht, das ist eher so Schotter. Den hab ich mal auf einem Röntgenbild gesehen. Ich hab den schon seit fünfunddreißig Jahren."

Der Chirurg antwortet: „Im Prinzip geht das, wir machen das nur nicht so gerne. Dann müssten Sie nämlich gewendet werden."

„Gewendet?"

„Ja, die Nebenniere wird von links hinten operiert und die Galle von vorne rechts."

Ach so. Da verlässt mich der Mut.

Da verzichte ich lieber,

lasse das Thema mal ruhen.

Kümmere mich wieder um meinen Magen.

Die Klinik ruft an, ich möchte einen OP-Termin in der Nephrologie machen, erhalte die Telefonnummer.

Das tu ich.

Zwei Tage später ruft die Klinik wieder an, ich solle die OP dort absagen, ich solle nächste Woche in die Sprechstunde Chirurgie kommen.

Das tu ich.

Der Arzt hat ein weißes Blatt Papier vor sich und fragt, warum ich käme.

Ich antworte: Ich dachte, das wüssten Sie.

Er antwortet: Ich kann nicht an den Computer.

Neun Wochen nach Feststellung der Erkrankung bekomme ich den Termin für die Magen-OP in der Chirurgie. Vorher sage ich zu dem Gebilde in meinem Magen:

Hallo, liebes Gebilde in meinem Magen, weißt du, wir haben so lange zusammengelebt, ich habe jahrelang nichts von dir gemerkt, gewusst. Nach und nach verstehe ich mehr von dir. Ich bin dir dankbar, dass du in den vergangenen Wochen bei 7,5 cm Durchmesser geblieben bist. Deine „Rinde" hat gehalten, du hast nicht gestreut, keine Metastasen. Dafür danke ich dir tausendmal. Wir sind miteinander in Frieden. Wenn nun die Ärzte mit dem Skalpell kommen, bleib ruhig, bleib gelassen. Ich werde immer gut an dich denken. ADIEU.

Ich habe Magen.

Sie haben einen intestinalen Stromatumor. Wir haben den entfernt und auch alle umliegenden Lymphknoten und der Leber ein Teilstück entnommen. Die Leber war frei.
Ich sage beziehungsweise höre mich sagen:
Mir wurde gesagt, dass Sie erst eine Woche nach der OP, also wenn Sie den Laborbefund haben, die Diagnose stellen und nicht schon jetzt, drei Tage nach der OP.
Doch, doch, das konnten wir so sehen. Am Montag ist die Besprechung, dann entscheiden wir, ob noch eine kleine Chemo verordnet wird.
Wer ist wir? Bin ich mit Ihnen ein Wir?
Ich sitze am Tisch des Patientenzimmers: Über mir in großer Höhe der Kopf des Oberarztes und die Worte, die da herauskommen (aus dem Kopf). Als der Arzt ausgesprochen hat, verdunkelt sich alles um mich herum, es tut einen lauten Knall. Ich falle in einen tiefen Krater. Höre noch:
Ihr Krebs war nicht so aggressiv.
Da hat der Arzt mit seinem Gefolge das Zimmer bereits verlassen. Ein Teil von mir denkt: Jetzt ziehst du mal deinen Mantel an, setzt deine Mütze auf und fährst mit dem Aufzug runter in die Eingangshalle. Heute ist dort eine große Verkaufsveranstaltung. Menschen laufen dort herum und es werden allerlei gesunde Dinge angeboten. Wie als Kind denke ich: Jetzt sind bestimmt alle Leute lieb zu dir. Aber es kümmert sich niemand um mich. Nur Verkäuferinnen eines Nahrungsergänzungsmittels kommen auf mich zu. Ich weiche aus – ich weiche zurück. Ich erkenne: Es

würde mir nichts bringen, die vor zehn Minuten gehörte Diagnose jemandem mitzuteilen. Besser nicht. Nachher sind die Menschen tatsächlich netter zu mir als vorher, aber nur wegen der Diagnose und nicht aus freiem Herzen. Einen „Krebs-Vorteil"? Nein, danke, den möchte ich nicht.

Ich fahre mit dem Aufzug hoch in mein Patientenzimmer und hole „Das Büchlein von der ewigen Wahrheit" aus dem Koffer und den gelben Textmarker. Der Text stammt aus dem Mittelalter. Da steht was von Geduld im Leid und von Lebenssinn und Sterbenssinn, von Verzweiflung, Trost, Jammer und Gnade und von Ewigkeit und all so was in der Art. Ich sitze in einer ruhigen Nische auf der Etage und lese und lese und markiere mit GELB die für mich wichtigen Textzeilen. An manche kann ich mich nicht erinnern, aber die sind ja nun markiert und nicht verloren. Beim Lesen denke ich darüber nach, wer denn nun das Recht hat, die Diagnose zu erfahren.

Meine Kinder schon, aber dann in der sanften Weise und in der Vergangenheitsform, etwa so:

Ich hatte Magen, ich hatte zwar einen Tumor, der ist nun rausoperiert und darum bin ich nun wieder gesund. Also, alles paletti.

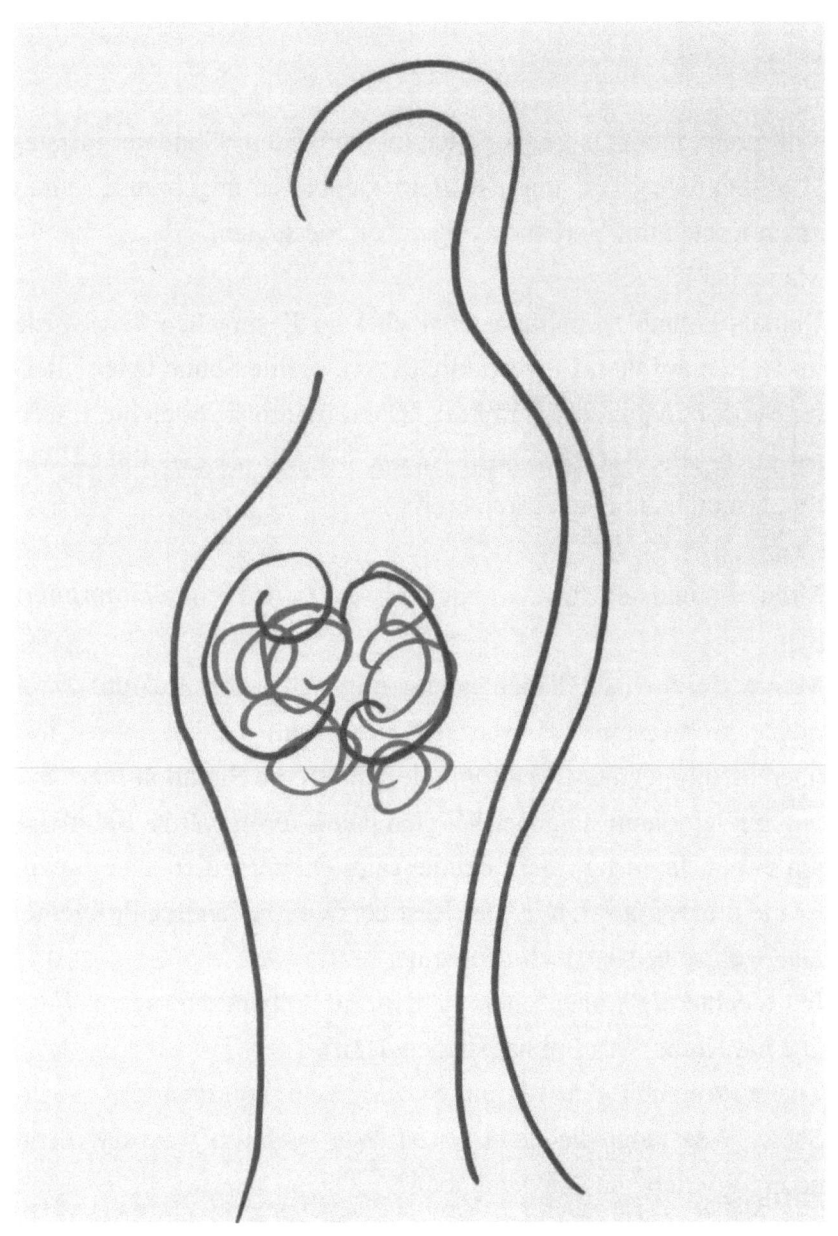

Lange vergessen

Vor circa vierzig Jahren spielten meine beiden Söhne gern Erste-Hilfe-Sanitäter. Auf ihren Rollern kamen sie angebraust, hatten einen Kasten mit Verbandszeug dabei. Sie sagten:
Mama hat Kebs.
Damals konnte mein Jüngster noch kein R sprechen. Ich wurde im Garten auf dem Liegestuhl gelagert, meine Söhne übten allerlei Heilbehandlungen an mir aus. Dann fuhren sie erleichtert, weil sie mich geheilt hatten, nach Hause, von wo sie gekommen waren. Mama hatte damals keinen Kebs.

Meine Freunde dürfen „es" auch wissen. Gute Freunde informiert man.
Meine Geschwister haben genug mit sich selber zu tun. Zwei meiner Schwestern erfahren „es" per Zufall und versichern mir übereinstimmend am Telefon, wie gut ich die Situation meistere, wie gut ich damit umgehe. Wie ich damit fertig werde. Sie meinten es gut. Ja, fertig. Mein Bruder sagt: Du hörst dich aber gut an. Er meinte es gut mit mir. Der Rest der Welt hat andere Probleme. Die Welt selber hat auch Probleme.
Ich möchte nicht angesehen werden mit Augen, die sagen: Was? Die hat Krebs? Warum hat sie den denn?
Zuerst kommen die Warum-Sätze. Dann kommen die Noch-Sätze. Was kann die denn noch? Wie schlimm wird das denn noch? Wie lang hat sie denn noch?

Jede/jeder hat ihre/seine eigene Noch-Zeit. So oder so. Mit oder ohne Krebs, Schlaganfall, Schnupfen, Sommersprossen oder, oder, und, und, und …

Meine Noch-Zeit gehört mir allein.

Ich werde nicht sagen: Ich gehe in die Reha. Ich werde sagen: Ich gehe in Kur. Bei Reha käme: Was? Du? Bist du etwa krank? Was hast du denn?

Ich bin kontrolliert.

Ich bin orientiert.

Ich bin strukturiert.

Ich bin im Außen, an der Oberfläche.

Wo ist mein Innen? Wo bin ich?

Zurück in der Zeit. Zurück in den Augenblick, da der Arzt sagte … Was sagte er noch?

Es tut einen Knall. Die Erde verdunkelt sich. Ich falle in einen tiefen Krater. Wo ist mein innerer Teil abgeblieben?

Auf dem Grunde des Kraters sehe ich ein zusammengekauertes Häschen in Schockstarre. Die Öhrchen hat es angelegt. Es bewegt sich nicht. Es hat kein Grün, kein Gras um sich, nur Dunkelheit.

Ich nenne es Hasi.

Während ein Teil von mir im „normalen Leben" funktioniert, befindet Hasi sich in Schockstarre. Hasi hat Magen.

Jetzt erst einmal in die Reha. Mit Pkw abgeholt werden, ganz komfortabel. Da kann man nicht meckern! Der Chauffeur stellt das Radio an. Flotte Musik. Richtig gut.

In der Reha habe ich Zeit und Ruhe zum Nachdenken. Was denke ich?

Natürlich denke ich an mein Selbstbild. (u.a.)

So ein übles Leben habe ich doch gar nicht geführt: keinen Alkohol, keinen Tabak, keine Exzesse. Vielleicht hätte ich Süßstoff meiden müssen oder Hormonpillen oder scharf Gebratenes. Wer weiß das schon? Ich nicht, und die Ärzte haben auch keine Antwort.

Vielleicht hätte ich mich nicht ärgern sollen über mich, über dich, über ihn!!!

Über uns geht nicht, aber über die da oben.

Über die da unten ärgere ich mich nicht, für die hab ich das meiste Verständnis.

Ich muss Hasi aus der Schockstarre herausholen in mein erweitertes Weltbild. Genau das denke ich, als ich durch das Reha-Zimmerfenster über die Flachdächer der Reha-Gebäude hinweg auf die kleine Wiese am Waldrand schaue. Dort steht eine Schlehe, die blüht gerade. Also muss es Vorfrühling sein. Wie ich da so schaue, sehe ich ein Häschen aus dem Wald auf die kleine Wiese hoppeln. Ich bin ganz beglückt und interpretiere das als Symbol für Heilung. Hasi hoppelt wieder! Hasi hat die Ohren aufgestellt! Hasi ist zurück im Leben!

Dann, dann, dann kommende Dutzende Häschen … Ich bin (fast) im Himmel. Bei näherem Hinsehen … Was sehe ich?

Sie alle tragen Kalaschnikows bei sich und formieren sich zu einem Heer. Schon stehen sie in Reih und Glied; sie schicken sich an, in den Ort zu marschieren.

Entschlossen trete ich ihnen entgegen und rufe von meinem Reha-Balkon aus:

„Nein, nein, nein, werft sofort die Waffen weg! So geht das nicht! So will ich das nicht!"

Im gleichen Moment verschwindet die Vision. Ich bin alleine auf meinem Reha-Balkon.

Mir bleibt die Frage:
Wie balanciere ich mich aus zwischen Hasi in Depression
und
Hasi in Aggression?

In jedem Patientenzimmer steht, besser gesagt hängt oben unter der Decke ein Fernseher. Das ist gut, denn so erfahre ich aus eben diesem, dass noch in der Reha, also hier an Ort und Stelle, die Verordnung für den anschließenden Reha-Sport ausgestellt werden sollte.

Also der Antrag dafür gestellt werden muss.

Darum bitte ich die Ärztin.

Sie verspricht mir das.

Am Abreisetag liegt nichts dergleichen vor.

Die Ärztin verspricht mir,

die Verordnung an meine Heimatadresse zu schicken.

Als nach drei Wochen keine Post von ihr angekommen ist, schicke ich ihr ein Fax. (Ich faxe gern.) Dann kommt die Verordnung mit dem Beisatz:

Entschuldigen Sie die Unannehmlichkeiten.

Unannehmlichkeiten? Unannehmlichkeiten?

Die Ärztin hat Zeit, ich nicht.

Mit der Verordnung gehe ich in ein Studio, welches befugt ist, Reha-Sport durchzuführen.

Da bin ich schon mal richtig.

Der Inhaber möchte, dass ich zusätzlich auch Mitglied in seinem Fitnessclub werde.

Ich sage, dass mir zweimal die Woche angeleiteter Sport langen würden.

Da hat er mich auf einmal nicht mehr lieb.

Ich gehe.

Suche ein anderes Studio auf.

Es wird von zwei Frauen geleitet.

Auch sie wollen mich als Clubmitglied.

Auch sie haben mich nur kurz lieb.

Wieder gehe ich.

Dann wird es heiß, sehr heiß. Sommer halt.

Später will ich ein anderes Sportcenter suchen.

Dann passiert der Klassiker: Fleißige Hausfrau putzt Fußboden und stürzt.

Nichts gebrochen, nur verstaucht. Erst mal schonen.

Dann rufe ich die Krebsberatung wegen einer Selbsthilfegruppe an.

Mir wird gesagt, dass es Gruppen für Brustkrebs gäbe, aber nicht für Magen.

Dann rufe ich die Krebsberatung an wegen einer Ernährungsberatung.

Die Dame am Telefon sagt mir, ich sei kein so schwerer Fall, ich könne ja noch essen. Für mich würde sie nicht (extra) einen Beratungstermin anberaumen. „Essen Sie, was Ihnen schmeckt!", sagt sie.

In einer Apothekenzeitung habe ich gelesen, das könne ein verhängnisvoller Rat sein.

Mit der Post bekomme ich einen Schwerbehindertenausweis zugeschickt.

Achtzig Prozent. Ich finde das viel.

Im Begleitschreiben steht, dass mir achtzig Prozent nur deshalb zugebilligt wären, weil „der Ausgang meiner Erkrankung ungewiss" wäre. Sonst hätte ich weniger Prozente bekommen.

Als ich diesen Satz lese, fühle ich wieder: Hasi ist in Schockstarre.

Bitte, liebe Leute, könnt ihr das nicht anders formulieren oder … einfach weglassen?

Eine Überprüfung meines Gesundheitszustandes werde in fünf Jahren stattfinden. Ich frage bei der Vergabestelle nach (per Fax), was ich mir für die achtzig Prozent denn nun kaufen könne. Wozu die berechtigen würden.

Auf eine Antwort warte ich bis heute.

Immerhin bekam ich in einem alternativen Kino einen Euro Rabatt.

Ich höre von zwei Journalistinnen, die sterben innerhalb einer Woche.

An Krebs, dabei sind beide erst vierzig Jahre alt.

Ich habe schon länger gelebt.

Ohne noch abgelebt zu sein oder abgelebt zu haben, wie immer das korrekt heißen mag.

Das Schicksal dieser beiden jungen Frauen erschüttert mich.

So jung.

In der EU gibt es zurzeit (nur zurzeit?) viel Uneinigkeit.

Kein Wunder.

Ich meine, die EU wurde nicht aus Humanität gegründet, sondern aus Kalkül.

Was man sät, das erntet man.

Brexit und Co. melden sich.

Ich kaufe mir ein Paar Deutschlandsöckchen.

Weiß mit schwarz-rot-goldenem Rand.

Sobald Einigkeit und Recht (gleich Gerechtigkeit) und Freiheit verwirklicht sind, werde ich sie tragen.

Auch in der City. Besonders dort.

Dann können Sie kommen, auch von weither, und meine Beine fotografieren.

Auf den Tag freu ich mich schon.

Es ist immer gut und gesund, wenn man in der Zukunft etwas hat, auf das man sich freut.

Falsch, andersherum, wenn man etwas in der Zukunft hat, auf das man sich jetzt schon freuen kann.

Bis dahin trage ich meine anderen Söckchen (auf).

Zum ersten Mal in meinem Leben kaufe ich Alkohol.
Nun gehöre ich auch zu den Menschen,
die im Supermarkt eine Flasche Alkohol
auf das Laufband legen.
Zuerst ist mir das peinlich,
dann gewöhne ich mich daran.
Zuerst trinke ich eine Teetasse voll,
dann noch eine und noch eine.
Plötzlich ist die halbe Flasche leer.
Nun steht die Flasche halbvoll in meinem Kühlschrank,
goldgelb, süß und ein wenig herb.

Eierlikör ist eigentlich kein Alkohol,
er ist in Wahrheit ein Lebensmittel.
Meine Mutter trank früher wohl auch mal ein Gläschen,
aber nur eines, höchstens zwei
und nur zu besonderen Anlässen.
Ich habe nun jeden Tag einen besonderen Anlass.

Ich sehe schwan

Ich nicht

Dem Oberarzt, der mich operiert hat, habe ich eine Dankeskarte geschickt. Ich habe ihn nur ein einziges Mal, drei Tage vor der OP gesehen.

Ich hatte viele Fragen.

Als er mir zur Begrüßung die Hand reichte, schaute ich in seine Augen. Den Bruchteil einer Sekunde begegnete ich seiner Seele.

Wir setzten uns. Um uns herum wieselten zahlreiche Unter-, Ober- und Aushilfsärzte.

Wir befanden uns offenbar im Aufenthaltsraum für Ärzte.

Der Oberarzt fragte: „Haben Sie noch Fragen?"

„Nöö, hab ich nicht. Alles paletti, dann sag ich jetzt mal tschö, bis Montag."

Mein ganzes Leben lang werde ich diesem Arzt dankbar sein, mindestens so lange ich diesen Körper habe und wahrscheinlich noch darüber hinaus.

Warum ich so dankbar bin? Wie soll ich mich ausdrücken, halt weil er so gut geschnitten und so gut zugenäht hat.

Er hat das Skalpell am Brustbein angesetzt, abwärts bis zum Nabel geschnitten und es sorgfältig im Halbkreis um den Nabel herumgeführt.

Von einer Freundin hörte ich, dass nach dem Schnitt der Bauch aufgeklappt und dann aufgeblasen würde.

Die inneren Organe sollten sich voneinander abgrenzen.

Die würden dann teilweise in Schüsseln gelegt (also außerhalb des Körpers).

Nach dem Eingriff würde alles wieder in den Bauch gestopft und … zugenäht.

Nun steht schon wieder eine Flasche Eierpudding in meinem Kühlschrank.

Zwanzig-Prozentiger.

Inzwischen kenne ich alle Getränkeregale der umliegenden Supermärkte.

Ich muss nicht lange suchen; das leuchtende Gelb fällt sofort auf.

Die Preise kenne ich.

Basis trinkt den zu 3,99.

Mittelschicht den zu 8,99.

Und Premiummenschen den zu 14,99.

Die Premium-Premiummenschen, bestimmt kaufen die nicht im Supermarkt, sondern bestellen woanders.

Wer kann sagen, ob ein Mensch, der zeitlebens Antialkoholiker war, in diesem (meinem) Alter noch süchtig werden kann?

Das wär doch mal 'ne gute Quizfrage.

Lang ist es her, da fragte mich ein Mann in der überfüllten Straßenbahn, ob er mit mir nach Hause kommen dürfte.

Ich sagte: „Yes."

Zu Hause merkte ich, dass es eine gute Wahl war.

Ach ja, der Professor aus London und ich, das Schlusslicht der Klasse.

Bei ihm brauchte ich nicht viel Englisch.

Ein paarmal besucht er mich, dann muss er abreisen.

Vorher sagt er zu mir: „Wenn du das Leben nicht mehr aushältst, schließe die Augen.

Du siehst einen blauen Diamanten, er gehört dir allein, es ist dein blauer Diamant."

Ich schließe die Augen, sehe den blauen Diamanten.

Er hat die Form einer Träne.

Einer der Professoren der Klinik, in der ich operiert wurde, bietet Krebsberatung an.

Zwei Monate lang warte ich auf einen Termin mit ihm, dann bin ich „dran".

Es wird das erste Mal sein, dass ein Professor mit mir spricht, denn der Basistarif bei meiner Krankenkasse schließt Behandlung durch einen Professor aus.

Ich möchte ihm Hinweise auf Missstände in „seiner" Klinik geben in der Hoffnung, dass etwas verbessert wird.

Ich denke, so ein Professor weiß nicht so viel aus Patientensicht, und stelle mir vor, dass er sich über mein Engagement freut.

Als er mich in seinem Büro erblickt, ruft er aus:

„Wer so gut aussieht wie Sie, der braucht keine Hilfe!"

Wir lachen. (Erst später zu Hause fällt mir auf, das war das blödeste Lachen meines Lebens. – Ich meine das von mir.)

„Wer so gut aussieht wie Sie" ist schön; „braucht keine Hilfe" ist scheiße.

Ich erzähle dem Professor, dass drei Tage nach der OP das lange Pflaster abgerissen wurde und dass es dem Pflegepersonal untersagt war, mir ein neues zu geben. Und so scheuerte das Hemd schmerzhaft an dem Schnitt und den geknoteten OP-Fäden, bis ich kurz das Krankenhaus verlassen und mir Pflaster in der Apotheke kaufen konnte. Vor jeder Visite zog ich es vorsichtig ab.

Der Professor will gar nichts von meinen Erfahrungen in der Klinik hören.

Bei Punkt drei unterbricht er mich und fragt, ob ich denn nicht froh wäre, dass alles so gut verlaufen sei.

Hierbei höre ich raus: Warum sind Sie denn so undankbar.

Das bin ich nicht.

Jeden Tag bin ich dankbar und jede Nacht.

Nichtsdestoweniger leide ich seit Monaten unter Zu- und Umständen während des Krankheitsverlaufes, also während des Gesundungsverlaufes, unter fehlender Information, unnötiger Angst, Irritation.

Auf meine Frage antwortet der Professor noch, CTs hätten nicht viele Strahlen (wie viele denn?) und Kontrastmittel wären heutzutage unschädlich.

Am Ende der Stunde will er kein Geld von mir annehmen.

„Man muss auch mal was annehmen können.“

Damit meint er mich.

Später schicke ich ihm mein: „Hiermit bitte ich Sie …“

Datum

AN:

Sehr geehrte Damen und Herren,

hiermit bitte ich Sie, sich einzusetzen

1. für eine Zusammenarbeit von Klinik, Radiologie, Patient und Hausarzt im Falle einer ernsten Diagnose, sodass keine wertvolle Zeit für den Patienten bis zur OP verlorengeht.

2. dafür, dass bei der Mitteilung einer schweren Erkrankung durch den Arzt eine geschulte Person mit zugegen ist und direkt an Ort und Stelle dem Patienten/der Patientin stützende Begleitung anbietet. (Eine ernste Diagnose muss nicht traumatisch sein, wird es aber, wenn die kranke Person damit alleingelassen wird. Das kann zur Verschlimmerung der Krankheit bis hin zum Suizid führen.)

   Es wäre doch toll, wenn Sie, bzw. Ihre Institution, als erste in Deutschland offiziell die Grundlagen dafür schaffen würden. Vor Jahren wurde zum Beispiel die Sterbebegleitung ins Leben gerufen. Analog könnte eine „Diagnosebegleitung" geschaffen werden.

3. dass der Patient noch IN DER Klinik, VOR seiner Entlassung über alle Hilfen aufgeklärt wird, die möglich sind (Reha, Reha-Sport, Therapie, Pflegestufe, Behindertenausweis, Selbsthilfegruppe usw.), und dass die entsprechenden Anträge gemeinsam mit ihm ausgefüllt werden.

4. In Hinblick auf den Pflegenotstand bitte ich auch darum, dass ALLE in der Klinik arbeitenden Personen „anständig" bezahlt, also entlohnt werden und dass sie auch nicht über Gebühr lange und schwer arbeiten (müssen).

Und so hoffe und wünsche ich, dass das Gesundheitssystem in diesem Sinne gesundet, was für mich heißt: HIN ZU MEHR MENSCHLICHKEIT.

Freundliche Grüße, gute Wünsche

… alle Wesen mögen glücklich sein …

Diesen Text schicke ich an weitere sechzig Ärzte, Kliniken, Ministerien. Tatsächlich erhalte ich vier Antworten.
Antworten voller Verständnis.
Zustimmung und Dankbarkeit für mein Anschreiben, für meine Vorschläge.
Die Absender wünschten sich selber eine gute Vernetzung.

Heutzutage gibt es für fast alles ein Management.

Es gibt Kliniken, die haben ein Lob- und Beschwerdemanagement.

Die Patienten können sich dorthin wenden mit Lob oder Beschwerde.

Die werden dann gemanagt.

Der Patient bekommt Antwort.

Wenn es ein Lob war, steht in dem Brief:

… wir haben uns sehr gefreut …

Wenn es Kritik war, steht in dem Brief:

… es tut uns leid, dass Sie sich alleingelassen gefühlt haben …

Wenn dann ein Patient zurückschreibt, etwa so: „… ich habe mich nicht nur alleingelassen gefühlt, ich wurde alleingelassen …", bekommt er darauf keine Antwort.

Das kann ich bezeugen.

Das kann nicht gemanagt werden vom Lob- und Beschwerdemanagement.

In den zurückliegenden Monaten habe ich inzwischen fünf CTs und zwei MRTs und ich weiß nicht mehr wie viele Spiegelungen und Blutabnahmen „bekommen".

Die Blutabnahmen machen mir nicht mehr viel aus; inzwischen weiß ich, welche Stelle in der Armbeuge ich der medizinischen Assistentin zeigen muss, damit das Blut in das Röhrchen läuft.

Warum nur gibt es keine zentralen Register, um Doppeluntersuchungen zu vermeiden.

Von der ganzen Krebsnachsorge fühle ich mich zunehmend überfordert.

Meine Selbstkontrolle schwindet.

Zuerst nehme ich Tabletten, eine für den Magen, dann zwei für den basischen Haushalt, dann eine gegen Schmerzen, eine zur Beruhigung und dann noch eine gegen Schmerzen plus.

Gewissenhaft schreibe ich alles auf, das Medikament, die Zeiten der Einnahme, schreibe alles auf Zettel, verliere die Zettel.

Auch nachts schreibe ich auf, aber am nächsten Morgen kann ich das Gekritzel nicht lesen und werfe alle Zettel weg und nehme noch eine Beruhigungstablette.

Dann esse ich Schokolade, Schokolade und noch mehr Schokolade.

Jeden Tag werde ich dicker.

Was ein echter Krebsarzt ist, der freut sich darüber, denn wenn ein Patient abnimmt, ist das für ihn ein schlechtes Zeichen.

Ihm darf ich mit meiner Sorge bezüglich Gewicht nicht kommen.

Hab nun schon fünf Kilogramm zugenommen.

Dann verlieren die Deutschen auch noch bei der WM, aber da kann ich mich emotional nicht reinhängen, ich hab schon genug am Hut und am Hals und um die Beine.

Wenn ich mich gar nicht gut fühle, dann lese ich in einem Buch, der Titel heißt: Hiob.

Das ist nicht der Hiob aus der Bibel, aber diesem geht es genauso dreckig wie dem aus dem Alten Testament.

Wenn ich lese, dass es jemand anderem schlechter geht als mir, dann geht es mir etwas besser.

Aber das hält nicht lange an.

Leid kann man nicht vergleichen.

Leid ist Leid ist eben Leid.

Immer haltloser werde ich; zum ersten Mal in meinem Leben überziehe ich mein Konto.

Fast alle machen das. Die finden nichts dabei. Einzelpersonen, Gesellschaften, Firmen, Banken, sogar Staaten machen Schulden.

Da kann ich doch auch mal locker überziehen.

Jedoch – wenn ich pleite bin, rettet mich keiner.

Im Gegenteil, ich werde herangezogen, andere finanziell zu retten, Banken zum Beispiel.

Das finde ich unfair.

Unfair ist ein zu schwaches Wort. Das Wort, wie ich das finde, das gibt es noch nicht.

Ich muss endlich mein Leben ordnen.

Zuerst die Essgewohnheiten.

Kaufe 2 kg Möhren, 1 kg Tomaten, 3 kg Nektarinen (Vitamine) und 500 g Salat.

Da wird man gesund von.

Die Eierlikörflaschen bringe ich zum Container zum Recyceln.

Ich hab schon wieder Verstopfung, nein, nicht ich als Person, sondern meine Küchenspüle.

Der Servicemann des Hauses sagt, der Vermieter wäre für die senkrecht verlaufenden Rohre zuständig, der Mieter für die waagerecht verlaufenden, oder umgekehrt. Mein Problemrohr wäre waagerecht, auf jeden Fall würde es achtzig Euro kosten, wenn er es reinigt.

Ich sollte mal heißes Wasser in den Abfluss kippen, das könnte vielleicht was bringen.

Da bin ich froh über diesen freundlichen Tipp von dem netten Servicemann.

Also, ich glaub, ich brauch 'ne Therapie.

Einen Menschen, der mich voll versteht, dem meine Angelegenheiten und Themen und Befindlichkeiten nicht zu viel sind, der mich von Woche zu Woche begleitet.

Schnell finde ich einen Therapeuten.

Bei meiner Krankenkasse muss ein Antrag gestellt werden.

In der ersten Therapiestunde übergebe ich das Antragsformular.

Der Therapeut sagt: „Ich erledige das für Sie."

Da bin ich glücklich, beruhigt und begeistert.

Endlich einer, der so was sagt. Traumhaft.

Zwei Wochen später legt er mir ein Papier vor, ich soll unterschreiben, dass ich in Vorleistung gehe.

Das bedeutet, dass ich seine Rechnung bezahle und dann abwarten muss, ob ich etwas von meiner Kasse zurückbekomme.

Das ist riskant. Für mich.

Das war nicht vereinbart. Das mach ich nicht.

Rufe nun selber meine Krankenkasse an.

Erfahre, dass dieser Therapeut keine Kassenzulassung bei ihr hat.

Ach so, darum …

Der Therapeut, er vermittelt mir seinen Kollegen, der hat die nötige Zulassung.

Dieser Mann ist nicht mal halb so alt wie ich, aber er ist ein Netter. Ich soll ja keine Vorurteile haben wegen Alter, Rasse und Geschlecht.

Nun erfahre ich, dass der erste Therapeut meiner Krankenkasse ein Ultimatum stellt (die schickt mir die Kopie davon),

er will dreihundertundnochwas Euro für die ersten vier „Sitzungen" einklagen.

Wieder rufe ich meine Krankenkasse an.

Die Dame von der Verrechnungsstelle erklärt mir, dass ich, indem ich zu vier Sitzungen erschienen sei, mit dem Therapeuten einen Vertrag geschlossen hätte. Demzufolge wäre ich zahlungspflichtig.

Ich könne jetzt einen Rechtsanwalt brauchen.

Ich lass das jetzt mal so stehen.

(Das ist ein neumodischer Ausdruck, den gebraucht man für den Fall, dass man das Ganze erst mal abwarten will.

Aussitzen ist ein anderes Wort dafür.)

Falls der alte Therapeut sich an mich persönlich wendet, werde ich ihm was erzählen.

Dann kommt ein Gärtner, der will die beiden Büsche, die vor meinem Fenster stehen, beschneiden.

Meine Lieblingsbüsche, der eine immergrün mit roten Beeren als Nahrung für Vögel; der kleinere mit den weißen Beeren.

Ich reiße das Fenster auf und bitte den Gärtner inständig, doch bitte, bitte nichts abzuschneiden.

Er sagt: „Da kann ich nichts für, ich habe Auftrag, das bestimmt das Management."

Nun muss ich bis zum nächsten Frühling warten, bis die Äste austreiben und ich mich sattsehen kann am grünen Grün.

Mir fällt auf, dass ich nicht mehr richtig weinen kann.

Ich weine nicht mehr, wenn etwas Schlimmes passiert, ich weine, wenn etwas Gutes passiert, etwa wenn eine entlaufene Katze wiederkommt oder wenn ein Vögelchen gerettet wird oder ein Kind aus den Trümmern von Aleppo.

Es fließt nicht richtig, dafür ist viel zu viel passiert, etwas Feuchtigkeit im rechten, etwas im linken Auge, immerhin.

Mein neuer Therapeut meint es gut mit mir, er meint, ich solle besser nicht mehr Tagesschau gucken, wenn mich das alles so belasten würde.

Er weiß nicht, dass ich die Bilder von den ertrinkenden Flüchtlingen und den Politikern in ihren feinen dunklen Anzügen bei ihren Kongressen auch ohne Fernsehen in meinem Kopf habe.

Das kann er nicht wissen.

Ein Röntgenarzt ruft mich an.

Es sei Zeit für eine Kontrolle.

Er schlage ein MRT vor.

Dann versichern mir zwei Ärzte des Röntgeninstitutes, ein CT wäre genauso gut.

Dann mach ich das doch lieber.

Also wird ein CT gemacht.

Dann ist der Befund aber nicht klar und es wird nun ein MRT empfohlen.

Dann ist der Befund vom MRT nicht klar und es wird eine Kontrolluntersuchung in einem Jahr empfohlen. Dann ruft der Röntgenarzt des Institutes mich wieder an.

Das ist etwas ganz Neues, Unerwartetes für mich, zumal ich doch zum Basistarif versichert bin und nicht zum Normaltarif oder Premium.

Eigentlich bin ich zufrieden mit dem Basistarif.

Der passt zu mir. Ich bin halt gerne Basis.

Basistarif bekommen die Leute, die auch nach vierzig versicherungspflichtigen Arbeitsjahren nicht genug Rente bekommen, die würden dann in die Altersarmut „fallen", wenn nicht der Staat ihre Krankenversicherung zwingen würde, den Tarif zu halbieren.

Bei einer siebzigjährigen weiblichen Person zum Beispiel muss die Krankenkasse den Beitrag ermäßigen, also von circa achthundert auf circa vierhundert Euro.

Diese weibliche Person muss sich jedes Jahr auf dem Amt melden und sich bescheinigen lassen, dass sie immer noch hilfsbedürftig nach Paragraf Sowieso ist.

Ich möchte nicht wissen, was passiert, wenn diese weibliche Person nichts mehr blickt, keine Wörter (er)kennt, keine Vorgaben, keine Bestimmungen und keine Termine mehr kennt. Wenn sie gar nicht (mehr) weiß, was das ist.

Das möchte ich nicht wissen.

Vielleicht erlebt sie das (auch) noch.

Was dann passiert, das möchte sie heute noch nicht wissen.

Vielleicht fällt sie dann richtig in die Altersarmut oder sie bekommt einen Vormund oder eine Vormundin vom Gericht.

Die Zuteilung des Basistarifes hilft nicht viel.

Denn der wird von Ärzten und Laboren selten eingehalten, selbst wenn der Basistarifausweis vorgelegt, eine Kopie sogar abgegeben wird, sodass die besagte weibliche Person die Differenz zwischen Rechnungsbetrag und Kostenerstattung der Krankenkasse selber bezahlt oder, wenn sie (noch) Kraft hat, protestiert.

Also, ein Arzt ruft mich an.

Das ist doch nett.

Er empfiehlt ein neues CT. Das sei schon wichtig.

Dann muss er das Gespräch unterbrechen, es sei ein Notfall eingetroffen.

Nach zehn Minuten meldet er sich wieder und fragt mich, ob er etwas für mich tun könnte.

Ich frage, ob mit dem Notfall alles in Ordnung gekommen wäre.

Er entgegnet: „Ja, alles okay."

Ich antworte: „Dann wünsche ich mir, dass Sie bei allen Notfällen, die zu Ihnen kommen, helfen können."

Der Arzt freut sich über meine guten Wünsche, ich mich auch.

Neuerdings schreibe ich sogar unter amtliche Briefe:

„Alle Wesen mögen glücklich sein."

Mir ist egal, ob Leute, also die Empfänger, denken, ich wäre eine esoterische Tussi.

(Der Ausdruck Tussi stammt nicht von mir.)

Bei diesem Wunsch ist man auf der sicheren Seite, denn durch das Wort „alle" ist man selbst auch bei den Glücklichen.

Und darum geht es doch im Leben.

Der Arzt sagt noch, ich müsse mir über die letzten beiden CTs keine allzu großen Sorgen machen.

Keine allzu großen, keine allzu großen?

Was bedeutet das denn?

Ich frage mich, warum zurzeit alles in meinem Leben in diesem rasenden Tempo passiert.

Vielleicht soll-darf ich in diesem Leben möglichst viel erleben, erfahren, verstehen und befrieden und ohne Wunden, also unversehrt da hindurchgehen.

Leben ohne Bitterkeit und Hass.

In der heutigen Zeit gibt es auch viel Schönes, zum Beispiel diese Sugar-Daddys.

Die zahlen einer Frau im Monat mehrere Tausend Dollar.

Es gibt sogar ein Seminar, da lernen die Frauen:

Wie bekomme ich einen Sugar-Daddy.

Vielleicht gibt es die nur in Amerika, und hier musste alles allein bezahlen.

Hier gibt es nicht einmal einen Salzdaddy, und wenn, dann nur für Damen unter zwanzig.

Es geht das Gerücht um, das bald das Bargeld abgeschafft werden soll.

Damit der Bürger nichts mehr an der Steuerbehörde vorbeimogeln kann.

Das würde mir leid tun für alle Bettlerinnen und Bettler im Land.

Vielleicht bekommen die dann vom Staat ein Kartengerät. Hoffentlich!

Bestimmt! Wir leben doch in einem Sozialstaat.

Meine Deutschlandsöckchen trage ich immer noch nicht.

Ich schreibe gern Bücher.

Kann sein, dass ich in irgendeiner Zukunft auf der Erde wiedergeboren werde, reinkarnationstechnisch sozusagen, und dass ich dann meine eigenen Bücher wiedertreffe und noch mal lese.

Das wäre ein Spaß.

Kann sein, dass ich dann sagen kann:

Bernhardin (oder wie ich dann heiße), alles in allem, also wenn man dich über Äonen hinweg als Gesamtpaket betrachtet, hast du's doch nach deinen Möglichkeiten ziemlich gut hinbekommen.

Beachte, dass du in dem gegenwärtigen Leben, also in dem augenblicklichen, nicht Opfer wirst, bist.

Opferleben sind Vergangenheit.

Sei nicht Täter – sei nicht Opfer. Sei!

Sei!

Ob es dann noch einzelne Länder, Staaten, Landesfarben gibt, wer weiß das schon.

Vielleicht bist du dann schon weitgehend dematerialisiert.

Mal sehen.

Ich habe einen Bekannten, den habe ich frisch kennengelernt.

Er hat einen schönen Vornamen.

Den Nachnamen kenne ich nicht.

Nachnamen interessieren mich nicht so.

Dieser Mann hat immer gute Laune.

Er ermutigt mich, auch immer gute Laune zu haben.

Er nötigt mich geradezu.

Er zwingt mich.

Er mag mich.

Ich würde mich auch mögen, wenn ich mich gerade frisch kennengelernt hätte.

Ein anderer, von dem ich mich vor zwei Jahren getrennt habe, rief an.

Er wolle mich gern mal wieder besuchen, nur so.

Nur so zum Quatschen. Ehrlich, nur so.

Er wusste nicht, dass sich inzwischen zwischen dem Zugangsweg und meiner Haustüre ein Bauzaun befand.

Als ich aus dem Fenster sah, bemerkte ich, dass er oben auf dem Bauzaun hing.

Dann sprang er runter.

Die Bauarbeiter klatschten Beifall.

Ich hatte den Matsch in der Wohnung.

(Aber man soll ja nicht so kleinlich sein, als Frau.)

Ich finde keinen Arzt, der mir die medizinischen Begriffe, die Diagnosen erklärt.

Der Hausarzt sagt, das macht die Klinik, dort sagt man, das macht der Hausarzt.

Inzwischen gibt es eine Stelle im Internet, an die kann man sich wenden, wenn man medizinische Erklärungen benötigt.

Da gibt man ein: „Was hab ich?"

Vielleicht hab ich gar nichts, obwohl meine Ärztemappe schon ganz dick ist.

Endlich will ich meine Essgewohnheiten in den Griff bekommen.

Vormittags vegetarisch, danach vegan und Trennkost.

Low-Carb und alles durcheinander.

Am Abend auf jeden Fall Steinzeitkost, zum Beispiel Wachteleier an Löwenzahn. (Spaß beiseite!)

Das endet dann stets mit Schokolade.

Dabei heißt es doch, dass Zucker den Krebs füttern soll.

Nicht einmal diese Info kann mich bremsen.

Sie macht mir nur ein schlechtes Gewissen.

Schlechtes Gewissen ist nicht gesund, davon wird die Abwehr schwächer. Die physische.

Außer dem ewigen Hunger habe ich Schmerzen, nichts Beunruhigendes, das nicht, es tut nur weh. Darum gehe ich zu meinem Hausarzt.

Er hat eine Vertretung, weiblich, ziemlich übergewichtig, ziemlich sehr sogar.

Darum will ich nicht mein Gewichtsproblem ansprechen, ich möchte nicht, dass sie sich blöd fühlt. Darum berichte ich nur von meinen Schmerzen.

Ohne jedes Zögern, ohne Wenn und Aber verschreibt sie mir ein Opioid und auch noch Morphium.

Ich bin im siebten Himmel deswegen. Ich wollte immer schon mal high sein, nun sogar ganz legal auf Rezept.

Am Abend nehme ich erst mal nur eine Tablette.

Mir wird übel, ich breche alles wieder aus.

Seit meiner Schwangerschaft vor fünfzig Jahren habe ich nicht erbrochen.

Ausgerechnet jetzt, wo ich meinem Ziel, high zu sein auf Rezept, so nahe war.

Ist besser so, die Medikamente sollen fast alle Nebenwirkungen haben, entweder sie gehen aufs Herz oder auf die Leber oder auf die Nieren oder auf alles.

Sogar auf die Psyche können sie gehen.

Schlimmstenfalls bekommt man die Krankheit, die man bekämpfen wollte und noch Depressionen dazu.

Das macht echt keinen Spaß.

Die nette Ärztin wollte mir Schmerzen ersparen, sie meinte es gut.

Gerade kommt im Fernsehen ein Bericht:

Sie kam im schulterfreien Kleid mit Schleppe, er im dunklen Frack mit Fliege. Da haben sie sich das Ja-Wort gegeben und sind in die Gondel gestiegen.

Nein, sorry, sie sind zuerst in die Gondel gestiegen und haben sich erst dann das Jawort gegeben.

Ich hatte nicht gut zugehört, wahrscheinlich bin ich zu sehr mit mir selber beschäftigt. (egomäßig)

Zum Jawort: Viele geben einander das Jawort, und bei vielen wird es im Laufe der Jahre zum Neinwort. Das ist schade.

Darum wäre es gut, wenn man sich selber auch das Jawort gibt.

Dann hat man im Schadensfalle immer noch sich selber (lieb).

Früher habe ich Arztfilme, also die Soaps im Fernsehen, gemieden.

Heute bin ich davon fasziniert.

Die kommen daher wie echte Dokus.

Dabei interessiert mich nicht, ob der Oberarzt sich unsterblich in Schwester Marion verliebt oder umgekehrt.

Mich interessiert einzig das Nachstellen der Operationen und die Patientenentsorgung.

Verzeihung, es muss heißen Patientenversorgung.

Ein Psychologe könnte sagen, dass ich beim Arztfilmschauen (m)ein Trauma verarbeiten möchte.

Dabei habe ich gar kein Trauma. Vielleicht war das gar nicht ich, die das alles erlebt hat, vielleicht war das eine andere Frau oder nur Fantasy.

Aber wieso habe ich dann diese lange rote Narbe, die meinen Bauch teilt.

So was bekommt man nicht durch Fantasy.

Die Arztserien, so richtig weiter bringen die mich nicht.

In einer Folge habe ich doch eine wichtige Information bekommen. Ein Kind im Krankenhausbett fror so sehr. Die Schwester sagte zu der Mutter, das käme von der Narkose. Das Mittel würde auf eine bestimmte Region im Gehirn wirken.

Ich wäre dankbar gewesen, wenn mir das jemand vor oder nach der OP gesagt hätte.

Ich habe monatelang gefroren und wusste nicht warum.

Ich hatte monatelang Untertemperatur, fünfunddreißig Grad, und wusste nicht, warum.

Meine Ärzte untersuchen, verordnen, sie schreiben Berichte, die ich nicht verstehe, und geben mir CDs mit, die niemand je wieder anschauen wird.

Anschauen, Erklären dauert zu lange.

Schließlich haben die Ärzte noch andere Patienten.

Ich bin nicht die Einzige dort.

Das kann ich nicht erwarten.

Dafür müsste ich schon Königin sein oder wenigstens Prinzessin.

Das bin ich nicht.

Einige Politiker meinen, wir müssten uns mehr in der Welt engagieren.

Militärisch.

Und schon marschieren die Soldaten, sie marschieren und marschieren.

Sie gehören zu einer Einheit.

Soldaten mit echten Gewehren und echter Munition, nicht bloß Blauhelme! (Die Mittel für Blauhelme sollen gekürzt werden.)

Und Bomben, Bomben gibt es genug.

Mehr als genug.

Während die aus vergangenen Kriegen unter Lebensgefahr der Entschärfer entschärft werden, werden neue produziert und exportiert.

In andere Länder.

Natürlich nur in Länder, die keinen Krieg (jedenfalls keine sichtbaren) führen.

So ist die Ethik garantiert, der Verkauf todsicher sicher.

„Wir" schicken Waffen, dafür kommen Flüchtlinge zurück.

Logisch.

Nun mache ich mir Sorgen wegen der Strahlenbedingungen im letzten halben Jahr, also gebe ich mal im Internet ein:

Nebenwirkungen bei Kontrastmittel/bei CT und MRT.

Was ich da lese, möchte ich nicht wiedergeben.

Meine nette neue Hausärztin sagt:

„Besser man schaut sich das gar nicht an als Patient. Das sind alles nur Halbwahrheiten."

Was ist denn dann die Ganzwahrheit?

Sie sagt auch, dass bei meinem Alter, also bei meiner Lebenserwartung eventuelle Spätschäden gar keine Rolle spielen würden, nicht ins Gewicht fallen würden, wie soll ich mich ausdrücken, also dass die Nebenwirkungen sozusagen erst nach meinem Tode aufträten, so in zwanzig bis dreißig Jahren. Da bin ich aber beruhigt.

Gestern Morgen wache ich wie üblich gegen halb acht auf.

Etwas ist anders als sonst.

Ich halte ein Messer in meiner rechten Hand.

(Ich bin Rechtshänderin.)

Ich mache Licht, sehe, das ist mein fünfzehn Zentimeter langes Küchenmesser.

Mir fällt ein, in der Nacht hatte ich Hunger und wollte etwas Käse essen.

Offenbar hatte ich den Käse und das Messer mit ins Bett genommen und das Messer in meiner rechten Hand vergessen.

Den Käse fand ich beim Bettenmachen.

Ich finde den Vorfall bedenklich. Grenzwertig.

War das nun Borderline oder Schlafwandel oder hatte ich am Abend zuvor zu viel Pudding aus der Flasche zu mir genommen?

Wie auch immer, ich nehme mir vor, dass „so was" nicht mehr passiert.

Also, ich habe da eine süße kleine Herbstfliege in meinem Zimmer.

Der tu ich nichts.

Es könnte ja sein, dass …

„Nun kommen Sie mir bloß nicht mit Reinkarnation und so einem Zeugs …", höre ich Sie denken.

„Tu ich nicht, ich geb nur mal ganz locker zu bedenken, dass so ein Fliegchen oder Mückchen die Inkarnation von einem meiner Vorfahren oder Vorfahrinnen sein könnte, nur mal ganz locker zu bedenken …"

Im Buddhismus ist das Glaubensgut, nur dass dort die Inkarnation als Tier als Bestrafung und Rückschritt gewertet wird.

Ich würde sie als eine Erweiterung der Persönlichkeit, als eine ganz besondere Chance und Erfahrung ansehen.

Mal ein Leben als Fliegchen oder Mückchen, das hat was.

Nach dem Krieg gab es eine Flüchtlingsfrau in unserem Dorf.

Sie hieß Frau Mücke und war die Frau von Herrn Mücke.

Das war eine ganz Liebe.

Damals wunderte ich mich, wie ein Mensch mit Nachnamen Mücke heißen kann.

Heute verstehe ich mehr; ich bin toleranter geworden.

Es gibt nur wenige Onkologen, die meisten sind auch noch Professor und halten Vorlesungen.

Ich habe nun eine Onkologin, welche die nun halbjährlichen Kontrolluntersuchungen terminiert.

Bei ihrer Sprechstundenhilfe habe ich durchgesetzt, dass sie mir mit Unterschrift und Stempel bestätigt hat, den Basistarif (ich mag das Wort schon gar nicht mehr denken, geschweige denn schreiben) einzuhalten.

Damit bin ich zum ersten Mal in sechs Jahren auf der sicheren Seite, denn der Arzt/die Ärztin oder das medizinische Institut ist dann nicht befugt, einen höheren Satz zu berechnen.

Alles habe ich auf eine Karte gesetzt, als ich nämlich sagte, wenn Sie mir das nicht schriftlich geben, dann gehe ich wieder.

Gern hätte sie mich gehen lassen (hab ich schon ein paarmal gemacht), aber das darf sie nicht:

Die Praxis ist verpflichtet, den Patienten zu behandeln.

Sie müssen nicht denken, dass es hier um pinats geht. (Ist das richtig geschrieben? Wenn Sie unsicher sind, schlagen Sie einfach im Lexikon Englisch nach. Sicher haben Sie eines zu Hause.)

Wie gesagt, hier geht es nicht um eine Kleinigkeit Geld, hier geht es darum, wie viel ich bei einer Rechnung zuzahlen muss. Aus eigener Tasche.

Im Grund geht es um to be or not to be.

Jetzt übertreibst du aber, sage ich zu mir.

Stimmt, antworte ich, aber es geht um:

Ich komme rum (mit dem Geld)

oder

Ich komme nicht rum.

Beim ersten Behandlungstermin bei der Onkologin blättert sie in einem Stapel Blätter, auch meinen Behandlungsausweis entdecke ich.

Etwas, das mich seit der OP quält, will ich ihr vortragen.

Mittlerweile hatte ich das schon x-mal bei X Ärzten getan, niemals bekam ich eine Antwort, es hat nicht interessiert.

Ich sage also: Ich habe so Luftaufstoßen, wohl hundertmal am Tag. Ich kann das wohl unterdrücken, aber ich wüsste doch gern, ob das harmlos ist.

Da antwortet die Onkologin: „Manchmal ist das nur ungehöriges Benehmen."

Außer zu Beginn „Guten Tag" und nun dieser „Diagnose" sagt sie gar nichts.

Sie überreicht mir einen Zettel mit der Verordnung für die Blutuntersuchung und CT.

Ach, stimmt nicht, sie sagt auch noch „Auf Wiedersehen".

Ich weiß nicht so richtig, was ich von dieser „Sprechstunde" halten soll.

Habe ich mich jetzt schlecht behandelt gefühlt oder wurde ich tatsächlich schlecht behandelt oder bin ich bloß zu empfindlich?

Vielleicht denkt die Onkologin, dass die Leute vom Basistarif immer nur rülpsen.

Dann finde ich einen Magenspezialisten.

Bei ihm will ich die Spiegelung machen lassen.

Eine kleine Narkose und dann: Augen zu und durch.

Die Sprechstundenhilfe findet die Vene nicht, der Arzt hat wenig Zeit. Er sagt: Dann machen wir es ohne Narkose, nicht wahr.

So geschieht es.

Die Diagnose heißt dann: Reflux 2, axiale Hernie.

An dem Tag erfahre ich, was Würgen bedeutet.

Da war noch was, aber das will ich schon gar nicht mehr wissen, ich will nur noch weg. Hauptsache, keine Gebilde im Magen. Immerhin weiß ich jetzt, dass mein Luftaufstoßen kein ungehöriges Verhalten ist, sondern dass es dafür körperliche Ursachen gibt, und wie ich die behandeln kann.

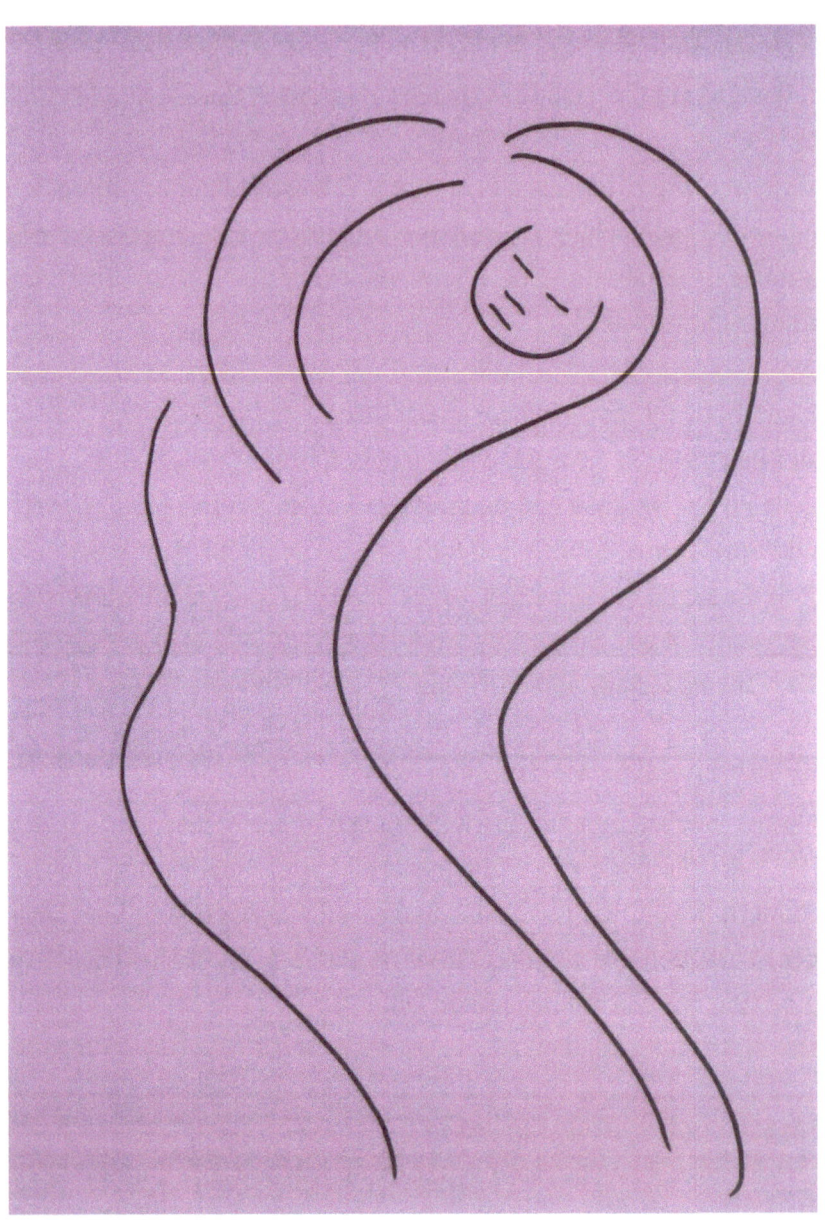

Jetzt erzähle ich Ihnen nichts mehr von CTs und vom Basistarif und von Diäten.

Versprochen!
Ich bin das Leid leid.
Und morgen zieh ich meine Deutschlandsöckchen an!
Damit gehe ich in die Fußgängerzone.
Versprochen!

Gestern Nacht habe ich geträumt, ein Arzt war in meiner Wohnung.
Meine Wohnung umfasst ein Zimmer plus Dusche und ein Flürchen und einen Abstellraum.
Also alles gut überschaubar.
Dieser Arzt befand sich mit mir in meinem Zimmer.
Er schien bereit zu helfen, tätig zu werden.
Nichts Furchterregendes, nichts Gewaltsames.
Ein ganz normaler, aufgeräumter, aufgeschlossener Doktor.
Mein Zimmer war grün.
Grün und glücklich.
Da erwachte ich. Mein Zimmer blieb noch eine ganze Weile grün.
Grün und glücklich.
Das war mein Traum.
Das ist mein Traum.
Darum bin ich (neben mir selbst als Träumerin) auch alle (anderen) Elemente, und alle Personen, die darin vorkommen.

Ich bin auch der Arzt, der mich heilen will, ich bin auch das Grün, welches heilt und glücklich macht.

Und nun, nun, nun nach eineinhalb tränenlosen Jahren sind sie, die Tränen, ins Rollen gekommen.
Wie konnte das passieren nach so langer Zeit?
Im Fernsehen sehe ich einen kleinen Jungen.
Er ist höchstens acht oder neun Jahre alt.
Er hat eine Zigarettenkippe im Mund und Augen, Augen, die haben schon alles gesehen.
Mit der einen Hand macht er eine ruckartige Bewegung am Hals, die bedeutet:
Hals durchschneiden!
Kopf abschneiden!
Da lösen sich die Tränen aus meinen Augen und rollen, rollen, rollen.
Mein lieber, armer, kleiner Junge.
Unsere Tränen, seine und meine, rollen aus meinen Augen.

Ausgeliefert an den Kran der Ewigkeit hängen wir daran, weinend und zitternd und wütend, im Munde noch immer das zerquetschte
Ich liebe Dich
Aber dieses Scenario dürfen wir so nicht lassen.
Der Leser bzw. die Leserin würde auf der Stelle in Depressionen verfallen.
Also lassen wir den Kran sich sanft in Richtung Boden bewegen.
Das daran Hängende sich ausklinken aus dem Karabiner.

Sich auf eigene Füße stellen und sagen:
Vielen herzlichen Dank, liebes Schicksal, dass du mich hier auf der Erde nun abgesetzt hast.
Vielen Dank!

Ich bin bei meinem Hautarzt, und was stellt der fest?

Er sagt, ein Nävi auf meinem Rücken und über der rechten Augenbraue eine Stelle, die wären präkanzerös. Er wolle beides operativ entfernen.

Alles in allem war ich daraufhin nicht unglücklicher als sonst.

Es machte wenig Unterschied. Ach so, ja, nun das auch noch. Was ist zu tun?

Meine letzten Sonnenbrände hatte ich vor vielen Jahren in Italien. Selbstverschuldet.

Die Haut vergisst nicht, sagt der Doktor. Er sagt auch, ich würde zu hundert Prozent geheilt werden.

Im Internet lese ich, zu fünfundneunzig Prozent.

Ich erlaube dem Doktor, das Gebiet weiträumig zu sanieren. Ich würde doch nicht mehr antreten bei „Deutschland sucht den Superstar". Eigentlich möchte ich den Arzt ein wenig aufheitern, aber mein Scherz kommt bei ihm nicht an.

Dann füge ich hinzu: Besser eine Delle im Kopf als eine Beule von Krebs. Auch das heitert ihn nicht auf. Der Doktor redet eine halbe Stunde lang und lenkt mich so ab von der Schabe- und Schneiderei. Er erzählt, er hätte drei Jahre lang Angst um sein Leben gehabt.

Er würde gern operieren.

Hinter den Bankhäusern würde eine ganz bestimmte politische Gruppe stehen; die würde auch die US-Politik dominieren. Sein Alter würde er möglichst weit hinausschieben (er meinte wohl sein Altern). Er hätte gerade erst frisch geheiratet.

Ich antworte, ich hätte vor, mein Sterbejahr selbst zu bestimmen und dann den Himmel zu bitten, mich lediglich die letzten drei

Tage krank sein zu lassen, damit ich dann nicht noch einen Rück-zieher machen und verlängern wolle. Mit dieser Aussage will ich einen neuen Akzent setzen. Der Doktor nimmt den Faden auf, sagt, dass er, wenn Patienten mit/nach der Diagnose Krebs nicht wiederkämen, er ihnen schreiben würde, dass sie sich unbedingt behandeln lassen müssten, denn sonst würde der Krebs sich über das ganze Gesicht ausbreiten, Augen und Nase zerfressen, und der Kranke würde schließlich daran sterben. Trotzdem kämen nicht alle wieder. Von einer Frau hätte er gehört, dass sie nach einer Weile mit zerstörtem Gesicht gestorben wäre.

Ich denke bei mir, wenn einer unbedingt sterben will, dann wird er das auch durchsetzen, so oder so. Ich meine, mit oder ohne OP. Ich denke, bei mir ist die Sache nicht so ernst; ich kann die ganze Operiererei mal erleben, sozusagen als Trockenübung. Ich hab ja die erwähnten hundert Prozent Genesungsgarantie von meinem Doktor.

Der Arzt tut mir leid. Ich muss an den Hellseher – was immer das ist – in Holland denken, der mir vor fünfunddreißig Jahren sagte, ich sei ständig auf seelischer Ebene tätig, vorbeugend tätig, und dass ich dadurch schon manches Unheil/Unglück verhütet hätte. Das wäre die Heilweise der Zukunft, die Prophylaxe. (Obwohl ich das nicht selber merke, aber falls das stimmt, finde ich mich darin richtig gut.)

Der Arzt tut mir leid, er muss so viele Stunden stehen, bei all den OPs. Beim Verabschieden empfehle ich ihm, abends die Beine hochzulegen und es sich gemütlich zu machen.

Nach dem Eingriff gehe ich noch in ein Kaufhaus. Ich will nun etwas ausspannen, nichts kaufen. Da höre ich aus dem Lautsprecher das Lied: Knock-knock-knocking on heaven's door.

Dann gehe ich in ein Café, Tasse Kaffee und ein Brötchen, zu 3,90. Da kann man nicht meckern. Nun zieht die Stirnwunde. Aber es geht noch. Hauptsache, ich habe keinen Krebs mehr und kriege auch keinen. Das ist doch wunderbar.

Mir ist ein bisschen übel, da fahr ich besser mal nach Hause, aber die eine Bahn fällt aus wegen eines Notfalls, so ist auf dem Spruchband zu lesen; da muss ich zuerst eine andere Bahn nehmen und dann noch mal umsteigen.

Die Bahn ist voll, aber nicht zu voll. Ich steige also ein. Ein Familienvater bemerkt wohl, dass es mir nicht ganz gut geht und sagt zu seinem etwa vierjährigen Sprössling, er möchte bitte für die Dame aufstehen. Aber der Junge fragt, wieso er das soll, und der Mann antwortet, die Dame braucht jetzt mal einen Platz, aber das greift nicht bei dem Kleinen. Ein älterer Herr, ich denke, das ist ein Inder, weil er so einen typischen Turban trägt, steht auf, sodass nun der Platz am Fenster frei wird. Unglücklicherweise hat der Mann nicht bemerkt, dass unter der gegenüberliegenden Sitzbank ein Hund liegt, der unglücklicherweise mindestens eine Pfote ausgestreckt hat und unglücklicherweise tritt der arme Mann darauf. Hund jault. Platz am Fenster ist frei, aber wie dorthin kommen, Sprössling sitzt immer noch auf dem davor. Und durchquetschen kann ich mich nicht in meinem Zustand. Der Familienvater holt seinen Sprössling nun selbst ab, nun sind zwei Plätze frei, und ich lasse mich erleichtert darauf fallen. Der Inder ist weg, der Hund hat aufgehört zu jaulen, und der kleine Junge sagt zu seinem Vater: Ich hab dich gar nicht mehr lieb.

Damit muss der Mann nun fertig werden. Und ich? Ich habe einen Doppelsitz bis zur nächsten Haltestelle.

Da muss ich umsteigen. In der nächsten Bahn in der hinteren Reihe ist ein Platz frei, wie für mich gemacht. Zielstrebig strebe ich dorthin und setze mich. Mein Nebenmann hat seine Beine ziemlich weit gespreizt und macht keine Anstalten, seine Knie näher zusammenzubringen, sodass ich die Wahl habe: Entweder ich krampfe meine Beine eng zusammen, damit sein Oberschenkel nicht den meinen berührt, oder ich zeige meinem Sitznachbarn, wo die magische Trennungslinie entlangläuft, zeige ihm, welches mein und welches sein Territorium ist.

Zuerst krampfe ich vor mich hin. Das Knie meines Sitznachbarn folgt unauffällig dem meinen, sodass ich noch weiter nach rechts drehen muss. Bin schon verkrampft in der Hüfte. Ich frage mich, ob der weiß, was er tut. Leise rede ich so vor mich hin: „Also, Mister, könnten Sie Ihr Knie nicht bei sich behalten!!!???"

Der Mann scheint das nicht zu verstehen. Darum sage ich: „EEÄÄH!!!" Das versteht er. Jedenfalls zieht er daraufhin seine Ausläufer, Knie und Oberschenkel zurück. Dahin, wo sie hingehören: Sein Knie zu seinem Knie, seinen Oberschenkel zu seinem. Na bitte, geht doch, denke ich erleichtert. Aber nicht lange, da setzt er wieder nach. Inzwischen bin ich nicht mehr im Zen[1]. Ich möchte diesen Menschen nicht vor den anderen Fahrgästen

---

[1] Zen bedeutet Zustand meditativer Versenkung.

bloßstellen, doch möchte ich ihm die Grenze zeigen. Mit einer entschlossenen Bewegung meiner linken Hand ergreife ich sein rechtes Knie und schiebe es dorthin wo es hingehört, stehe eilig auf und suche mir weiter vorn in der Bahn einen anderen Platz.

Drei Tage später – Arzttermin
Die Sprechstundenhilfe sagt, ich könne zur Blutabnahme schon mal auf der Liege Platz nehmen.
Das auf der Liege liegende Papier ist verknüllt, man sieht deutlich, dass da schon jemand drauf gelegen hat.
Ich sage freundlich zu der Sprechstundenhilfe: „Sie haben vergessen, das Papier zu wechseln."
Da sagt sie ebenso freundlich: „Da hat keiner Pipi drauf gemacht." Und lacht.
Dazu fällt mir echt nichts mehr ein.
Die Arztsekretärin hat in der Eile bei den Papieren etwas durcheinanderbekommen.
Sie sagt: „Ich bin aber auch blöd."
Ich widerspreche: „Nein, das sind Sie nicht, Sie sind nur eilig."
Sie widerspricht: „Ich bin aber trotzdem auch blöd."
Ich antworte: „Ich geh erst dann hier weg, wenn Sie das widerrufen."
Da widerruft sie.
Ich sage: „Sehen Sie, geht doch. Jetzt kann ich gehen."
Wie sagte Bernd aus Berlin: „Vor der Heilung liegt die Einsicht."
Aber welche?!

Gestern hatte ich Magen, heute habe ich Kreislauf.

Morgen habe ich Seele.

Wieder einmal zum Doc.

Ich frage die guten Geister: Wo seid ihr während der Endoskopie?

Sie antworten: Entspanne dich. Wir verlassen dich nicht. Wir sind dabei.

Die Ärzte sind fachlich gut.

(Ich verkneife mir die Frage: Und wie sind die sonst?)

Weiter sagen sie: Wir sind dabei. Entspanne.

Einer sagt: Relax. (Der war früher Engländer.)

Die Ärztin fragt mich: „Hat Ihr Partner kein Problem mit Ihrem Bauch? Ich kann Ihnen eine Praxis für Fettabsaugung empfehlen. Die ist sehr preisgünstig. Pro Behandlung nur sechshundert Euro."

Ach wie, ach so, ach nee, ach danke.

Dieses kommt mir zu Ohren:

Ein junger Mann plant eine Operation, eine Beinverlängerung.

Die wird sehr schmerzhaft und sehr teuer sein.

Ich frage Jesus, was er davon hält.

Er antwortet mit einer Träne, einer blutigen Träne im Auge.

Er sagt: Die Menschen haben ihn wegen seiner Körpergröße leiden lassen. Darum geht er diesen Weg.

Er wählt diesen Weg aus Verzweiflung, aus Not.

Das ist gesegnet (abgesegnet).

Ich persönlich werde dabei sein.

Er wird nur auf liebevolle Hände treffen.

Auf Gottes-Helfer-Hände. Wie ich damals in Judäa die Menschen, die zu mir gebracht wurden, heilte, so wird auch er geheilt werden.

Es wird einige Irritationen geben, doch die werden mit Besonnenheit überwunden, weil durchlebt werden.

Ich sage: Danke, Herr, Du liebst ihn mehr als die Menschen.

Mache einen Krankenbesuch bei der Schwägerin. Sie liegt im Krankenhaus.

Seit Tagen verweigert sie Essen und Trinken.

Sie wacht auf, erkennt mich sofort, fragt:

„Wie geht es dir denn?"

„Och ganz gut, und dir?"

„Das freut mich. Wo ist Helmut denn jetzt?" Helmut ist ihr Ehemann.

„Der hält ein Mittagsschläfchen zu Hause." Nächste Frage:

„Siehst du den Autoreifen unter der Decke?"

„Ich sehe den nicht, du siehst ihn, das kommt vielleicht von den Medikamenten oder weil du so lange nicht getrunken hast."

„Bist du der Geist von Nirgendwo?"

Wir lachen beide, weil es irgendwie stimmt.

Sie fragt weiter:

„Hast du deine Tochter mitgebracht?"

„Nein, die muss arbeiten. Du hast doch auch eine Tochter."

„Hatte."

„Nee, hast du immer noch, ist egal, in welcher Welt sie lebt. Sie bleibt immer Tochter."

„Ja, das stimmt."

„Du hast mir mal ein Foto von ihr geschenkt, auf dem lacht sie. Dasselbe habt ihr bei Euch zu Hause auf der Fensterbank stehen. Möchtest du das hier haben?"

„Nein, ich kam nur so drauf. Gibt es in dieser Wohnung kein Wasser zu trinken, ganz einfaches Wasser."

„Das wohl, aber es ist lauwarm."

„Ist egal, gib mal." Sie trinkt fünf Schluck. Dann fragt sie:

„Wusstest du, dass Alfred ausgezogen ist?"

„Nein, ich habe ihn gar nicht gekannt. Er war dein erster Mann. Helmut ist mein Bruder, er ist dein jetziger Mann."

„Das habe ich bemerkt. Helmut wohnt auch hier."

„Ach so."

„Wie lange bleibst du?"

„Drei Stunden."

„Nur drei Stunden – ich dachte, ein paar Tage."

„Ich komme wieder. Das Krankenhaus liegt ja sehr schön."

„Ja, die haben gewusst, was mir gefällt. Wie ist das denn mit deinen Geschwistern?"

„Mit vieren habe ich Kontakt, und die anderen drei sind ja schon im Himmel."

Wir müssen lachen.

„Ich bin in den letzten Tagen so durcheinander, du auch? Oder bist du noch durcheinanderer?"

Wir lachen über diese Wortschöpfung. Nach einer Weile sage ich:

„Ich gehe nun in die Cafeteria, ruh dich etwas aus."

Ich komme zurück.

„Was soll ich denn jetzt machen? Wie komme ich aus diesem verdammten Bett? Ich hab nicht genug Muckis."

„Nee, dafür müsstest du mehr essen!" Ich kneife ihr ein Auge zu. Sie hält ihre Hände vor das Gesicht, blinzelt durch die Finger und sagt:

„Genau!"

„So ist das, kein Essen, keine Muckis."

„Ich bin so reingelegt worden."

„Mit was denn?"

Sie antwortet nicht.

„Wann fährst du denn zurück?"

„Ich weiß noch nicht, ich hab noch Zeit, Helmut will mich zum Zug bringen."

„Wie komme ich aus diesem Bett? Hast du Helmuts Nummer? Der hat doch die gleiche Telefonnummer wie ich … Ich hatte mir das anders vorgestellt, ich wollte gemütlich Kaffee trinken mit dir."

„Und du liegst jetzt hier mit Schnabeltasse auf dem Nacht-schrank."

Wir lachen.

„Was soll ich denn jetzt machen?"

„Ich weiß es auch nicht, was möchtest du denn?"

„Ich weiß es nicht. Soll der Teddy mich trösten? Wir arme Weib-sen! Dein Bruder muss doch hier im Hause Telefon haben. Nun sag doch mal, was bedrückt dich denn?"

Eine Schwester kommt rein, sagt zu der Patientin:

„Sie sehen schon viel besser aus."

„Man hat mir gesagt, ich wäre schwer krank. Soll ich das glauben?"

Meine Schwägerin wird frisch gebettet und schläft ein.

Sohn und Schwiegertochter kommen zu Besuch. Meine Schwägerin wird wach. Sie verlangt zu Trinken.

Helmut fährt mich zum Bahnhof.
Im Krankenzimmer war ein Unsichtbarer anwesend.
Ich nenne ihn Andrew; er ist Übergangsengel von Beruf und Berufung. Er bleibt halt so lange, bis ein Mensch sich entschieden hat. Das ist sein Job.
Ich hatte ihn gebeten, im Sessel am Fenster Platz zu nehmen, während ich mich mit der Frau unterhielt.
Erst auf meiner Heimreise im Zug bemerkte ich, dass Andrew nicht mehr dort saß.
Er hatte sich, leise lächelnd, wie das seine Art ist, davongemacht.
Er wurde ja nicht gebraucht, übergangsmäßig. Nicht mehr. Nicht hier. Vielleicht woanders.

Es geht nicht darum, einen Menschen, der sich im Koma oder im Wachkoma befindet, ins Leben zurückzuholen.
Es geht auch nicht darum, ihn ins Jenseits rüberzuschicken.
Komapatienten wissen nicht, wohin sie wollen bzw. wohin sie können. Sie sind absolut ratlos, solange sie sich im Zwischenreich befinden.
Wir haben nicht das Recht, sie wohin zu holen oder wohin zu schicken.
Es geht darum, mit ihnen mental in Gedanken oder real mit Worten die Situation zu erörtern, sodass sie sich angstfrei oder wenigstens angstarm für die eine (irdische) oder andere (jenseitige) Seite entscheiden können.

Wir dürfen wünschen und bitten, dass eine Art Andrew oder Andrea (oder Kollegenengel von ihnen) für uns bereitstehen, wenn „unsere letzte Stunde" gekommen ist.

Dann gibt es – anders als häufig auf dieser Erde, keine Kritik, kein Urteil, dann gibt es ausschließlich Verständnis, Barmherzigkeit, Gnade und Liebe.

Einige Zeit später erhalte ich die Todesanzeige meiner Schwägerin und den Begleitbrief meines Bruders. Er schreibt: Es hört sich vielleicht komisch an, aber mir geht es gut.

Ich antworte ihm:

Lieber Helmut,

welche Erleichterung für mich zu lesen, dass es Dir gut geht. Für mich hört sich das gar nicht komisch an. Es gibt wohl zwei Arten auf einen solchen Verlust zu reagieren.

Der eine ist unglücklich, dass er diesen Menschen „verloren" hat, der andere ist froh, dass er ihn „gehabt" hat.

Herzlichen Glückwunsch, lieber treuer Bruder, dass dir und deiner Frau das Letztere geschenkt ist. Ihr habt doch auch viel dafür getan im täglichen Umgang miteinander.

Du schreibst, dass deine Frau, meine Schwägerin, sich „zur rechten Zeit auf den Weg gemacht hätte". So war es ein gutes Timing.

Das lässt mich denken, dass der Mensch nicht nur den Wunsch nach einer guten Sterbestunde (sanfter Tod) sondern auch nach dem richtigen Zeitpunkt des Todes äußern darf. Kann man das programmieren? Versuchen kann man es ja.

Schön, dass du besonders in dieser Zeit so gute Nachbarschaft hast, das ist in der Stadt seltener. Aber vielleicht habe ich mich

nicht genug darum bemüht. Obwohl, meine Nachbarin erinnert mich immer, wenn der Fensterputzer kommt. Das ist auch Liebe.
Mit Dank an Dich und Grüßen,
wir sehen uns bald.

Es gibt Leute,
die haben lieber Ärger
als gar keine Unterhaltung.

Eine Befragung hat ergeben:
Was bedauern die Menschen am häufigsten im Angesicht des Todes?
Dass sie ein fremdbestimmtes Leben geführt haben;
dass sie sich selten eigene Wünsche erfüllt haben;
dass sie zu viel gearbeitet und Freunde vernachlässigt haben.

Also, liebe Leute …
Noch ist es Zeit.

Liebe Depressionisten und Depressionistinnen!

Liebe Aggressionisten und Aggressionistinnen!

Damit habe ich nun die beiden Seiten der gleichen Medaille begrüßt.

Was wollen Sie damit sagen; wollen Sie damit sagen, dass Depression und Aggression sozusagen Geschwister, emotionale Zwillinge sind?

Was ich damit sagen will, das sage ich nicht.

Das kann sich jeder denken.

Wie liest diese Sparkassenwerbung sich im Angesicht des Todes?

Der Wendepunkt – sicher sparen – doppelt Zinsen.

Gewinnsparen – Preise, die ihr Leben in Bewegung bringen.

Exklusiv für junge Kunden.

Stellen Sie jetzt die Weichen für Ihre Zukunft.

Erfahren Sie hier, welcher Vorsorge-Typ Sie sind.

Das 100pro-Girokonto – null Kosten, mehr Freiheit. Das bringt's.

Ihre Augen, Ihre Zähne, das Auto – alles braucht von Zeit zu Zeit einen Check.

Prämien, die das Leben schöner machen.

Clever sparen – spielend gewinnen.

Planen Sie den längsten Urlaub ihres Lebens – mit uns.

Haben Sie Ihr Traumauto gefunden? Sonderprogramm für Neuwagen.

Damit Sie kein Geld verschenken.
Sie erhalten bares Geld geschenkt.

Kleiner Aufwand – große Wirkung.

Punkt für Punkt ein Plus für Sie. Sanfter Schub in eine sichere Zukunft.

Was immer Sie sich wünschen: Wir finden, wonach Sie suchen.

Die Freiheit, spontan zu sein: Dispo max.

Weltweite Akzeptanz.

Keine Anzahlung – keine Kaution. Keine kosten – volle Leistung.

Ein wichtiger Schritt in Richtung Zukunft.

Wohneigentum. Hundert Prozent Sicherheit – ein ganzes Leben lang.

Das Ergebnis kann sich sehen lassen. Dabei sein ist alles.

Ein Traum

Es war ein echter Traum, und der ging so:
In einer Kirche findet eine Feier statt. Der Redner redet über Verfehlungen, Untaten, über den schlechten Zustand der Welt. Er ist völlig entnervt, vergrämt, verbittert. Er beendet seine Rede und belässt es bei all dem Schrecklichen.
Ich muss eingreifen, auch ohne Befugnis. Ich will nicht, dass die Zuhörer sich ausschließlich das Böse vergegenwärtigen, nehme das Mikrofon und sage zu den Gläubigen:
„So war die Vergangenheit. Die wollen wir ruhen lassen.
Jetzt in der Gegenwart wollen wir Freude haben und Freude machen."
Das war ein echter Traum.
Dann erwachte ich.

Die Optionen

Welche Optionen haben wir denn im Leben?
Im Prinzip nur drei.
Wenn wir diese Erde verlassen
ist sie entweder gleich geblieben
(trotz uns),
oder schlechter geworden
(wegen uns),
oder besser geworden
(durch uns).

Das Leben spielt sich ab
zwischen
„Es könnte schlimmer sein"
und
„Es könnte besser sein".

ॐॐॐ

Eigentlich bin ich jetzt total am Ende,
also völlig fertig.
Hurra, ich bin es nicht.
Ich bin nicht am Ende
und nicht fertig.

ॐॐॐ

… und Jesus sitzt noch immer am Hang,
von wo aus er die Stadt Jerusalem
überblicken kann
und nicht nur die.
Er sieht den ganzen Erdkreis zu seinen Füßen
und weint und weint und weint.
(Das habc ich schon in meinem letzten Buch geschrieben.)
Und nun, nachdem ER im Fernsehen den Jahresrückblick 2017
angeschaut hat, weint ER weiter.
Weint weiter, weint weiter …

Haben Sie was am Bein?

Ja, mein Knie ist kaputt.

Da wünsch ich Ihnen gute Besserung.

Ja, danke.

Mehr kann ich dazu gar nicht sagen.

Nein, das können Sie nicht, mehr können Sie dazu nicht sagen;
aber das hilft schon.

చచచచ

Man sollte jeden Tag eine gute Tat tun.

So sagen jedenfalls die Pfadfinder/innen.

Am besten am Morgen,

dann kann man den Rest des Tages fies sein.

చచచచ

Ich sagte zu dem Bankbeamten:

Heute Morgen habe ich mich entschlossen, in Liebe zu leben.

Er, der Bankbeamte, zögert einen Moment, dann sagt er:

Das ist eine gute Wahl.

చచచచ

Der Zugschaffner wird massiv von Reisenden attackiert, weil der
Zug Verspätung hat.

Leise sage ich zu ihm: Ich halte zu Ihnen.

Er, der Zugschaffner, zögert einen Moment, dann sagt er:
Das freut mich.
Und knipst weiter Fahrkarten.

ช่ช่ช่

Ich bringe einen Brief zur Post.
Einen Brief an Sally.
Einen Brief für Sally.
Darin steht: Wir lieben dich und wir danken dir.
Eine Woche später erfahre ich, dass Sally
zu diesem Zeitpunkt schon tot ist.
Lebendig oder tot, die Nachricht erreicht sie.

ช่ช่ช่

Warum sagen Sie das?
Hilft es Ihnen?
Hilft es mir?
Macht es irgendetwas auf der Welt besser?
NA ALSO.

ช่ช่ช่

Eine selbsternannte Kritikerin sagte zu einer Malerin:
„Sie malen nett, Sie sind talentiert. Aber Ihre Bilder haben keine
Tiefe."
Das steht nun gedruckt in der Zeitung.

Wir wissen nicht, welche Auflage die Zeitung hat, aber alle haben das gelesen.

Alle wissen das nun. Die Malerin malt nicht mehr.

Eines Tages springt sie in die Tiefe.

࿔࿔࿔

Eine Wissenschaftlerin sagt: Eines Tages werde ich dem Tod ins Auge sehen.

Dann werde ich zu ihm sagen: „Eines Tages wird einer von uns Wissenschaftlern dich überlisten. Ha ha ha."

Guru

Wikipedia: Sanskrit, „schwer, gewichtig".

Guru ist ein religiöser Titel für eine spirituellen Lehrer im Hinduismus, Sikhismus und im tantrischen Buddhismus usw.

Vor Jahren fragte ein junger Mann mich, ob ich sein Guru sein wolle. Sinngemäß antwortete ich Folgendes:

Ein Anhänger kann folgende Positionen einnehmen:
Verehrung für seinen Meister,
Aufgehen in seinem Meister (Partizipation),
Konkurrenz mit seinem Meister (Kampf).

Bei der Verehrung für seinen Meister stellt der Jünger sich unter diesen, damit schafft er ein Gefälle, eine Distanz.
Bei der Partizipation gibt der Jünger seine eigene Identität auf, er löst sich auf in seinem Idol und besteht nicht mehr als Individuum.
Wenn der Jünger merkt, dass Verehrung oder Partizipation nicht zu der gewünschten Einheit führen, kommt Spannung auf. Eigentlich möchte er selber so sein wie der Meister, bzw. eigentlich möchte er der Meister sein.

Wenn er an diesem Punkt angekommen ist, wird er versuchen, dem Guru Fehlverhalten und Fehler nachzuweisen, er wird seine Position unterminieren.

Für jemanden, der sich zum Guru erklärt oder erklären lässt, tut sich ebenfalls eine Welt voller Gefahren auf.
Guruschaft beinhaltet ihrem Wesen nach Trennung, Spaltung, Distanz. (Etwas anderes ist es, wenn jemand eine Lehre, eine Richtung vertritt, die nicht personengebunden, also personenunabhängig ist. Dann gilt die Verehrung des Menschen dem Inhalt der Botschaft, nicht der Person des Überbringers.)

Bitte, lassen Sie uns einfach Menschen sein, die einander beistehen, die einfach gut miteinander umgehen.
Davon werde ich froh und Sie bleiben un-abhängig.

Rat

Also, ich brauche Rat
und wähle eine Nummer.
Eine Dame nimmt ab. Sie fragt:
Wie alt sind Sie.
Ich nenne eine Zahl, bin mir aber nicht sicher.
Zehn Jahre mehr oder weniger, was macht das schon.
Die Dame sagt:
Dann stellen Sie nun Ihre Fragen.
Ich: Was muss ich an mir korrigieren?
Antwort:
Nicht so aufregen. Flexibel sein.
Unvoreingenommen. Gelassen in dem Sinne, was ich nicht ändern kann, das ist dann eben so.
Sonst wird die negative Energie vermehrt durch Kampf und Krampf.
Ich:
Aber es heißt doch, die Unwissenden lehren.
Antwort:
Wenn die nicht lernen wollen, dann lass sie. Wohl sollst du deine Meinung vertreten.
Ich:
Was muss ich wieder gutmachen an A.?
Antwort:
Vorbei ist vorbei. Mach es jetzt gut.

Ich:

Wegen H. und H? Ich möchte, dass die etwas einsehen.

Antwort:

Wenn du darauf beharrst, dass die etwas einsehen sollen, einge-
stehen sollen, das funktioniert nicht. Es hilft gar nichts. Die Bar-
rieren werden dadurch größer. Schick ihnen gute Gedanken,
wünsche, dass sie Kraft, Erkenntnis und Liebe finden. Wünsche
ihnen gute Energie, damit sie das Beste aus sich rausholen können.

Ich:

Ich danke Ihnen für das Gespräch.

Antwort:

Ich danke Ihnen für das Gespräch.

Zug

Zug bleibt mitten auf der Strecke stehen.
Ungewöhnlich.
Ansage aus dem Lautsprecher:
… wegen Personenschadens auf dem Gleis …
Mitreisende Männer regen sich über die Verspätung auf.
Ein Gegenzug passiert, hat freie Fahrt auf dem Nachbargleis.
Das ärgert.
Kann sein, dass ER, der Personenschaden auf dem Gleis, verletzt ist … linke Gehirnhälfte.
Jedenfalls tut die mir weh.
Ich bitte direkt Engelscharen, zur Unfallstelle zu eilen, und eine Delegation zu ihm nach Hause, damit die Angehörigen, wenn sie die Nachricht vom „Personenschaden" erhalten, nicht ohne Hilfe dastehen.
Vier Tage lang habe ich Schmerzen linke Kopfseite, Stirn und Wange, weiß nicht, warum.
Alle sechs Stunden nehme ich ein Schmerzmedikament.
Am fünften Tag gehe ich zum Zahnarzt deswegen, der macht eine Röntgenaufnahme und … findet nichts.
Da erst fällt mir wieder ein: Personenschaden auf dem Gleis.
Der Zahnarzt meint, ich könnte Antibiotika nehmen, es könnte eine Entzündung sein.
Ich nehme gar nichts und mache mir klar:
Du darfst mitfühlen – mitleiden darfst und musst du nicht.

Wieder was gelernt.

Bilder

Ich habe eine Eigenschaft; was andere reden, das sehe ich oft als Bilder. Das ist nicht immer schön, besonders dann nicht, wenn es sich um Unfälle, Verletzte oder Todesfälle handelt. Im vorliegenden Fall sehe ich während der Schilderung meiner Freundin Innereien eines Menschen vor mir. Früher, wenn Schlachttag war, und das war schon schlimm genug, wenn unser lieber Paul oder unser lieber Peter geschlachtet wurde, dann lagen die Innereien in Emailschüsseln; die Leber, das Herz, die Därme. Nun rufe ich meiner Freundin zu: Hör auf, hör auf, ich kann das nicht sehen. Wobei das nicht wirklich stimmt, denn ich habe es ja schon gesehen.

Fluss

Das Leben ist ein langer, langer Fluss. Wenn du flussaufwärts schwimmst, gelangst du maximal bis an den Rheinfall von Schaffhausen. Spätestens da merkst du, dass es ein Reinfall ist. Du bist völlig geschafft.

Lässt du dich flussabwärts treiben, so befindest du dich im großartigen deutschen Rhein.

Doch dann muss der seinen Namen wechseln. Er wird zum Waal.
Lass dich weitertreiben
bis zur bis zur bis zur
Mündung.

Das Meer nimmt dich auf.

Du bist am Ziel.

Transit

Ich hatte den Transit bereits passiert, die Schleuse hinter mir gelassen, befinde mich in einer anderen Energie. Jemand geht an mir vorbei, aber nicht wirklich; er will den Eindruck erwecken, dass er zu tun hat mit mir, dass uns irgendetwas verbindet … In meinem Inneren erwäge ich Fluchtwege, wo ist der Raumgleiter, der mich zurückbringt in meine eigene Welt … Vielleicht reagiert der Vorübergehende auch nur auf meine unteren Chakren; der Kinesiologe hat nämlich gesagt, dass die offenstehen, sozusagen lecken würden. Ich finde diese Vorstellung äußerst unangenehm. Der Kinesiologe hat mich auch gelehrt, die Chakren zu schließen. Das tue ich jetzt immer, wenn ich etwas „merke", dann drehe ich sie mit Schraubenzieherbewegungen dicht (mental!).

Dies war eine flüchtige Begegnung im Transit.

Telefon

Als das Telefon klingelt, meldet sich eine Frau. Sie sagt: „Ich kann nicht mehr, ich will nicht mehr, ich bringe mich um. Mein Mann ist weg, meine Kinder sind weg, man hat mir alles weggenommen, alle Menschen verlassen mich, soll das denn alles meine Schuld sein? Ich will meinen Mann und meine Kinder zurück. Ich habe schon alles probiert, alle Therapien, nichts hilft mir. Ich habe auch Geistheilen und Reiki gemacht, das hat auch nicht geholfen." Sie weint und weint und weint. Ich ‚bleibe bei ihr' am Telefon und sage ihr das. Nach etwa zwanzig Minuten wird sie ruhiger. Ich frage sie, ob sie zu mir kommen möchte, aber sie antwortet nicht darauf. Ich frage sie, ob ich irgendetwas für sie tun kann. Da wird sie heftig. „Das müssten Sie mir doch eigentlich sagen, was ich tun soll." „Nun", antworte ich, „Sie haben mir gerade erzählt, dass Sie schon so viele Dinge probiert haben, die andere Menschen Ihnen geraten haben und dass es Ihnen nicht geholfen hat. Aber wenn Sie mich fragen, ich könnte gerne die Engel um Trost und Hilfe bitten für Sie." – „Die haben mich auch im Stich gelassen", ist die Antwort. Ich denke nach, wie kann ich Zeit gewinnen und den Kontakt mit ihr halten und verlängern. Ich sage: „Es ist jetzt drei Uhr, und wenn Sie möchten, dann rufe ich Sie in zwei Stunden, also um fünf Uhr wieder an, das kann ich Ihnen fest versprechen." – „In zwei Stunden bin ich nicht mehr da", sagt sie. Ich frage: „Wo sind Sie denn dann?" – „Weg." Nun fehlt mir jedes weitere Wort, es ist Stille in der Leitung. Schließlich sagt sie: „Wenn mir was einfällt, was Sie für mich tun können, dann rufe ich wieder an." „Abgemacht", antworte ich. Sie legt auf, ich auch. Ich denke, was andere Menschen mit ihr getan haben, nämlich sie alleine gelassen, das hätte sie beinahe weitergegeben an mich. Das ist Gesetzmäßigkeit. Solange wir unbewusst und blind denken und handeln, geben wir beinahe zwangsläufig weiter, was wir selber erlebten, worunter wir selber so gelitten haben.

Ich habe Sorgen.

Ich stütze meinen Kopf in die Hände.
Nun wird alles grün.
Die unendlich Liebenden sagen:
Es wird eine unerwartete Wendung geben bezüglich deiner Pläne.
Die Wende kommt so oder so. Sie macht alle bisherigen Sorgen
und Planungen überflüssig.
Durch Person, Umstand, Entwicklung.
Es geschieht etwas ganz anderes, jetzige Sorgen, Überlegungen,
Planungen werden gegenstandslos, sind es schon jetzt.
Nimm (wieder) die Liebe in dein Herz.
Sie behutsam.
Sei innig.
Tue das Nötige, sei aufrecht.
Sei.

Sofa

Eine Frau will sterben. Sie nimmt Tabletten und legt sich aufs Sofa. Nun wird sie ‚wach'. Sie befindet sich in Gesellschaft unzähliger Individuen, die alle Selbstmord verübt haben. Es besteht keinerlei Interesse füreinander, keinerlei Hilfsbereitschaft. Jede/r ist ausschließlich mit dem eigenen Leid beschäftigt. In diesem Bild steht die Frau nun auf einem Felsvorsprung. Sie sieht in der Ferne ein helles Licht. Sie hört eine Stimme, die sagt: „Ist es das, was du gewollt hast?" „Nein", antwortet sie. Nun hört sie eine zweite Stimme. Die ist voller Mitgefühl. „Dein Leben ist nicht dein Leben; du hast es nur geliehen." Nun sieht sie eine Art Film vor ihren inneren Augen. In einer Vorausschau wird ihr gezeigt, was geschehen wird, wenn der Selbstmord vollendet würde. Einer ihrer Söhne würde daran zerbrechen. Nun bittet sie die Stimmen, ins Leben zurückkehren zu dürfen und … wird wach. Auf dem Sofa.

Brücke

Michael steht auf der Brücke.
Zwischen Erde und Paradies. Warum will er weg?
Hat er einen Tumor?
Nimmt er Drogen?
Ist er schizophren? hat er Liebeskummer?

Michael zögert seinen Sprung hinaus.
Ich spreche ihn an,
ich sage:
„Michael, du kannst deine Probleme auf Erden lösen.
Du kannst deine Probleme lebend lösen."
Er hört mir tatsächlich zu! Michael hat verstanden!

Das wird jetzt zu viel mit den Suizidgeschichten. So gehäuft hintereinander kann man die nicht vertragen. Okay, eine noch. Und
dann was anderes.

„Mein Lieber"

Der Mann hat Suizid begangen. Auf den Schienen ist er gestorben und ins Leichenhaus transportiert worden. Doch sucht er immer wieder den Ort des Unglücks auf. Ich sage ihm, dass er das nicht mehr machen muss, dass er sich in der anderen Welt zurechtfinden möchte, dort einen sicheren Aufenthalt haben kann und dann weitersehen … Er kann meine Bitte nicht erfüllen. Immer wieder kehrt sein Geist zu der Unfallstelle zurück, immer wieder legt er sich auf die Schienen. Er ist enttäuscht, wenn ein Zug auf dem Nachbargleis vorbeifährt. Er ersehnt das Geräusch des herannahenden Zuges, platziert sich auf dem Gleis, in der Position wie beim ersten Mal. Der Originalschauplatz muss es sein, die Rekonstruktion perfekt sein. Warten, horchen. Der Mann hat Angst vor den heraneilenden Rädern, Panik davor, zerfetzt, zerschnitten zu werden, und gerade das sehnlichst herbeizuwünschen.
Endlich, endlich dieses Gefühl, welches er zeitlebens hatte, wiederzubeleben, nun auch körperlich zu erleben. Es ist das irreale reale Bedürfnis, Einheit herzustellen.
Nun ist er zerfetzt, zerrissen.

Ich frage ihn:

„Wie geht es dir, mein Lieber?" Er bricht zusammen, das hat noch nie jemand zu ihm gesagt, „mein Lieber". Hemmungslos weint er. Wesen himmlischer Herkunft erscheinen. Sie sagen zu mir: „Bekümmere dich nicht weiter um diesen Jungen; wir sorgen für ihn. Wir sorgen auch für den Lokführer, die geschockten Reisenden, die Rettungskräfte, die Angehörigen. Wir segnen, entsorgen auch den Platz, an dem das passierte. Sei beruhigt. Ruh dich aus. Sei froh. Sei getröstet."

Die Werke der Barmherzigkeit

Hungrige speisen
Durstige tränken
Fremde beherbergen
Kranke pflegen
Gefangene besuchen
Tote bestatten
Die Nackten bekleiden

ᕮᕮᕮ

Die geistigen Werke der Barmherzigkeit

Die Irrenden zurechtweisen
Die Unwissenden lehren
Den Zweifelnden Recht raten
Die Trauernden trösten
Die Lästigen geduldig ertragen
Denen, die uns beleidigen, gerne verzeihen
Für Lebende und Tote beten

Die Werke der Unbarmherzigkeit

Den Hungrigen das Butterbrot stehlen
Vor den Augen der Durstigen Wasser verschütten
Fremden die Tür vor der Nase zuschlagen
Kranke sich selbst überlassen

Gefangene noch einmal verurteilen und ausgrenzen
Scheintote bestatten
Die Nackten auslachen

ॐॐॐ

Die geistigen Werke der Unbarmherzigkeit

Die Irrenden noch verrückter machen
Den Unwissenden Unfug erzählen
Die Zweifelnden mit Fragen löchern
Den Trauernden von anderen Trauerfällen erzählen
Die Lästigen anschreien (notfalls rausschmeißen)
Denen, die uns beleidigen, niemals verzeihen
Ausschließlich für sich selber beten (wenn überhaupt)

Ganz ohne Worte

Neulich fragte ich Jesus:
„Was ist meine Bestimmung?“
Jesus:
„Folge mir nach.“
„Aber nicht nach Golgatha!“
„Da war ich schon, da musst du nicht mehr hin.“
„Heißt das, Karfreitag ist schon vorbei?“
„Ja, ein für alle Mal, er ist vorbei.
Ihr seid schon erlöst.“
„Da bin ich aber froh.
Haben wir denn schon Ostermontag?“
„Ich BIN bereits auferstanden.“
„Was soll ich denn als nächstes tun?“
„Verkünde das Evangelium.“
„Das würde ich ja gerne tun,
aber manche Leute sind dann genervt
oder sogar sauer auf mich.
Denen darf ich mit sowas nicht kommen.“
„Dann verkünde es, ohne meinen Namen zu nennen, –
oder verkünde es unhörbar,
ganz ohne Worte.“

Sarah

Als ich Kind war, nannte mein Bruder mich immer Sarah. Ich mochte das nicht haben, denn Sarah war in meiner Vorstellung sehr alt (Altes Testament) und bekam trotzdem noch ein Kind (von Abraham). Ich fand das komisch und wollte nicht, dass mein Bruder mich Sarah nennt. Fünfzig Jahre später erfuhr ich zufällig, dass jüdische Eltern (im „Dritten Reich") gezwungen wurden, ihren Söhnen als zweiten Vornamen den Namen Israel und ihren Töchtern als Zweitnamen Sarah zu geben. Mein Bruder nannte mich, seine kleine Schwester, Sarah.

last minute

Um mich zu desensibilisieren, will ich genau hinschauen, als im Fernsehen das Video von der Hinrichtung gezeigt wird. Sehr behutsam legen die Henker dem Delinquenten ein Halstuch um und darüber den Strick. Er, der Verurteilte, hilft einen Moment mit einer kleinen Bewegung des Kopfes, um das zu erleichtern.

Ich bin den Henkern dankbar, dass sie so sacht ihren Job ausüben, und ich bin dem Verurteilten dankbar, dass er sie in ihrer Arbeit ein klein wenig unterstützt hat. In diesen letzten Sekunden war keine Aggression, kein Hass anwesend.

Ich bin mir dankbar, dass ich mich desensibilisieren wollte. Ich wollte mich abhärten, um dann alle Grausamkeiten der Erde ohne Gefühl anschauen zu können. Stattdessen traf ich – last minute – Heil.

Weiter so

Aus dem Fenster der zweiten Etage kann ich hinunter auf den Schulhof sehen. Es ist Pause. Ich schaue nach, ob es Kinder gibt, die ‚nicht mitspielen'. Sehe einen Jungen am Rande stehen. Gelehnt an die Mauer. Er bewegt sich nicht. Gedanklich schicke ich ihm Kraft und Dazugehörigkeit. Plötzlich löst er sich von der Mauer, rennt über den halben Platz und springt in die Sandgrube. Gut so, Junge, weiter so!

Lieber Thomas,

dir und deiner Familie wünsche ich von Herzen ein frohes Weihnachtsfest und ein glückliches neues Jahr.

Ich schreibe NICHT, um wieder Kontakt mit dir zu beginnen, sondern um etwas für mich abzuschließen.

Von allen Männern in meinem Leben habe ich dich am meisten geliebt.

Ich hatte den Eindruck, dass sich seit unserer Hochzeit alles zwischen uns verändert hatte.

Nichts war mehr wie vorher.

Bis heute habe ich nicht verstanden, warum.

Ich brauche keine Antwort (mehr), sondern möchte nur MEINEN Frieden machen mit dem Teil meines Lebens, also mit der Vergangenheit, mit meiner Ehe, mit dir.

Das kann ich nur, wenn ich dir alles Gute wünsche. Das tue ich hiermit. D.

Lieber Frank,

frohe Weihnachten und ein gutes neues Jahr!
Also, ich schreibe dir NICHT, um Kontakt anzuknüpfen.
Ich möchte dir danken für das, was du in den Jahren für mich, für uns getan hast.
Das war ein großer Wert. Nach den ersten, doch (ziemlich) glücklichen Jahren hatte sich alles verändert, sodass wir letztendlich nicht mehr gemeinsam weitergehen konnten. Warum die Beziehung sich so entwickelt hat, also an was das gelegen hat, weiß ich nicht. Ich muss es nicht mehr wissen. Ich möchte nur in Frieden abschließen mit diesem Teil meiner Vergangenheit. Danke für alles.
Da du ja gläubig bist, erlaube ich mir zu sagen: Vergelt's Gott. D.

Ça va

Ausgelöst durch das gleichmäßige Geräusch des fahrenden Zuges gleite ich auf einem Raumgleiter. Habe mich bereits dematerialisiert und verweile in Gebieten, von denen ich gewöhnlich keine Erinnerungen mitbringe.

Da höre ich eine Stimme neben mir: „Passkontrolle!"

Im gleichen Moment lässt sich ein Mann in den Sitz neben mir fallen. Er tut so, als ob er die ganze Zeit mit mir gereist wäre und sagt:

„Ça va?" Ich antworte mit: „Ça va." (Geht's gut?) (Es geht gut.)

Der Zollbeamte hält seinen Pass gegen das Licht seiner Taschenlampe, sagt: „In Ordnung" und geht weiter.

Da spüre ich, dass „Ça va" seinen Oberschenkel gegen meinen presst. (Was ist bloß los dieses Jahr. Nun schon das zweite Mal. Woher kommt das nur?)

Daraufhin springe ich auf und muss dringend im Speisewagen einen Kaffee trinken. Allein!

Merke: Prüfe gut, bevor du „ça va" sagst.

Unterschiede

Was für dich ist zartes Werben
ist für mich wie Überschall.

Was für dich ist leises Werben
ist für mich ein lauter Knall.

Was für dich ist Harmonie
ist für mich ein Überfall.

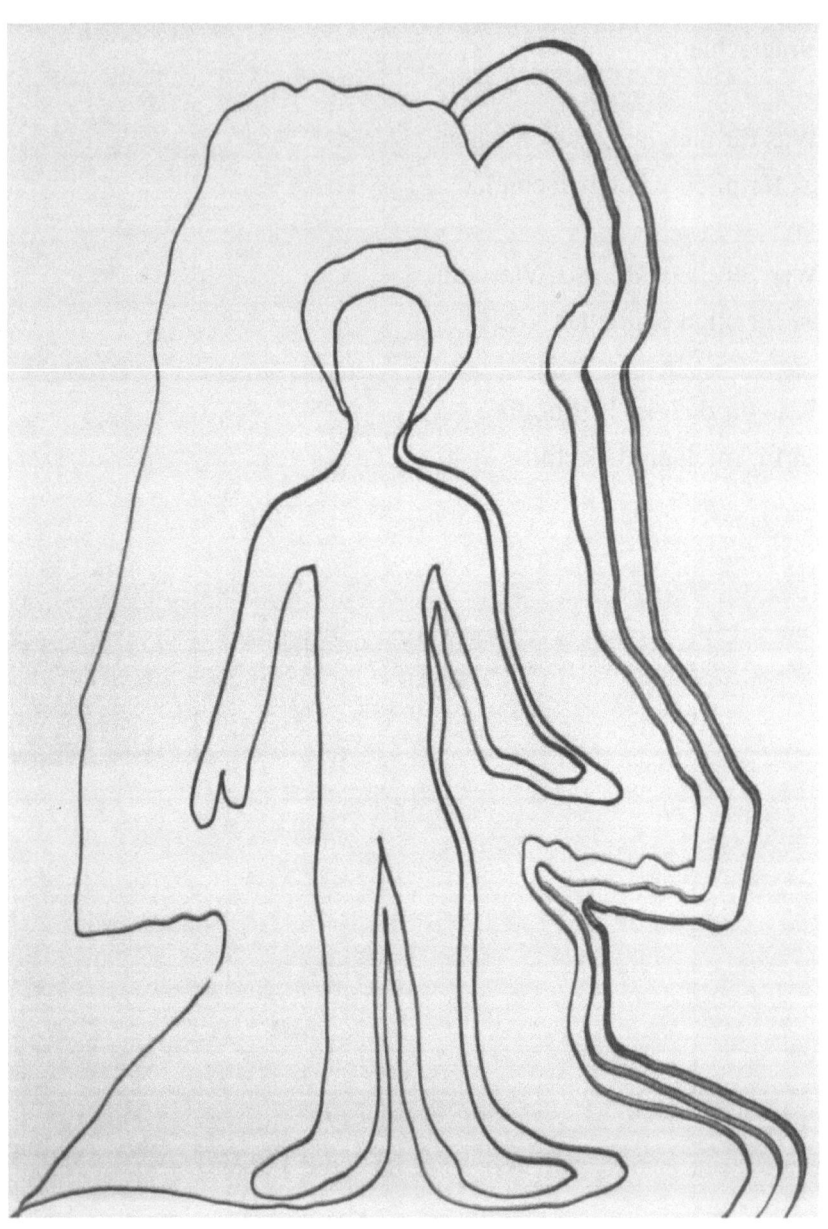

Was war das denn?

Er guckt.
Er guckt intensiv.
Intensiver.
Intensivst.
Da springt er auf,
reißt mit einem energischen Ruck
sein Fahrrad an sich
und – radelt davon.

Ich gucke ihm hinterher.

Walter bzw. Wolter

Kürzlich verließ Walter mitten in der Nacht überstürzt die Wohnung.
Sicher hatte er wieder etwas Bedeutungsvolles geträumt
oder etwas „aus dem Kosmos durchgekriegt", wie er das nennt.
Walter ist seit zwanzig Jahren Mitglied einer Geheimlehre.
Oft meditiert er stundenlang; dann spricht er mit seinen geistigen Lehrern.
Er erzählt denen, was so alles passiert ist.
Wenn jemand ihm Übles angetan hat, so wehrt Walter sich nie.
Später erzählt er es seinen unsichtbaren Lehrern.
Die sagen ihm, sie würden sich schon um die Angelegenheit kümmern.
Einmal wäre der, welcher ihm Böses getan hätte, am nächsten Tag verunglückt und hätte ins Krankenhaus gemusst.
Er, Walter selber, müsse überhaupt nichts tun, das würden die Oberen regeln.
Von dem Zeitpunkt an hatte ich Angst bei dem Gedanken, ob oder was Walter über mich petzen könnte.
Ich sagte zu Walter: „Du propagierst doch die Einheit mit den kosmischen Gesetzen, wie kannst du dann so handeln?"

Walter antwortet: „Doch, das kann ich sehr wohl; positive und negative Energie müssen sich immer die Waage halten. Auch das gehört zur Geheimlehre."
Mir wird unheimlich.

Ich weiß nicht, ob die geistigen Führer von Walter ihn wirklich rächen oder, sorry, ob Walter sich das nur zusammenphantasiert, um sich nicht hilflos und schutzlos zu fühlen.

Auch im ‚normalen' Leben finde ich Walter anstrengend.

Wenn ich Essen koche und es umrühre, so muss das immer in Liegender-Acht-Form geschehen.

Wenn ich ihm ein Glas Wasser reiche, so muss ich das Glas vorher mit drei Fingern halten, um es zu vitalisieren (das Wasser).

Walters Tag ist streng eingeteilt im Viertelstundenrhythmus.

Es gibt Phasen, da darf er nur meditieren oder lernen, aber auf keinen Fall Sex haben.

Er sagt, der Grund, weshalb so viele Ehen scheitern würden, sei der, dass die Paare sich nicht daran halten würden.

Ich sage, dass doch die wenigsten diese Gesetze kennen und sich folglich auch gar nicht daran halten könnten.

Walter widerspricht mir, indem er sagt:

„Im Unterbewusstsein kennt jeder die Gesetz, also muss sich auch jeder daran halten."

Walter behauptet stets, der Kosmos würde ihm immer einen Parkplatz freihalten.

Ich antworte, dass ich mir nicht vorstellen könnte, dass der Kosmos durch Parkplatzreservierung der Umweltverschmutzung Vorschub leisten würde.

Darauf Walter:

„Es ist kein allzu großer Schaden, wenn diese Welt untergeht. Der Kosmos hält weit vollkommenere Welten für uns bereit."

Ich will etwas sagen, aber mir fallen keine Worte mehr ein.

Walter trägt stets ein Fläschchen mit Stierurin bei sich. Gegen böse Geister.

Bauern würden nie an Besessenheit leiden, sie lebten doch in der Nähe von Stierurin, und die bösen Geister würden Rindviecher meiden.

Ach ja, Walter und seine Lehren.

Es würde einen Polsprung geben,

der solle den göttlichen Strom wieder möglich machen.

Es werde einen großen Knall geben und Lemurien werde wieder hochkommen.

An dieser Stelle kann ich Walter nicht mehr folgen; ich habe andere Probleme, zum Beispiel wie ich mit dem Bus zum Doktor komme.

Walter fährt fort: Wenn die Erde unterginge, würden die Auserwählten evakuiert. Das werde über Radio, Fernsehen und Telefon angekündigt.

Ich glaube, dass Walter mich für ein wenig auserwählt hält, denn er fährt fort:

„Pack schon mal eine kleine Tasche. Wenn es soweit ist, darfst du auf keinen Fall ins Magnetfeld treten."

Ich frage: „Wie erkenne ich denn so'n Magnetfeld?"

Antwort: „Das ist kein Problem. Folge nur den Anweisungen derer, welche die Evakuierung leiten. Auch Menschen, die nichts von der Evakuierung wissen, die aber auserwählt sind, werden einbezogen; die Abstimmung hat bereits im Schlaf stattgefunden."

Ich: „Ach so."

Er: „Die Evakuierung auf einen anderen Planeten findet in einem kugelförmigen Raumgleiter statt. Außerirdische leisten Hilfe und geben Liebe."

Zuerst will ich auch mit, aber dann???!!! Ich weiß nicht, ach nee, lass mal. Ich sterbe, wenn's denn sein muss, lieber traditionell. Am liebsten im Bett.

Walter fährt fort: „Die Evakuierten werden auf dem Gastplaneten abwarten, bis die Erde zerstört ist und wiederkommen, um sie dann neu aufzubauen."

Dass Walter mit seinen Genossen die Erde wieder aufbauen will, diese Idee finde ich lobenswert.

Aber Evakuierung, Raumgleiter, anderer Planet, mir ist das alles zu aufwendig, zu anstrengend.

Zum Glück gibt es ja nun für alle Anlässe diese wundervollen Postkarten mit Aufschriften. Ich kaufe eine mit der Aufschrift

SORRY

und schreibe darauf:

An dieser Stelle kann ich dir nicht mehr folgen. LASSESUNSBITTEHIERBEIBELASSEN.

Ich wünsche dir gute Zeiten und gute Wege.

Walter versteht.

Er meldet sich nicht mehr.

Walter ist kein übler Typ.

Er fühlt sich nur minderwertig.

Darum möchte er auserwählt sein.

Walter ist einsam.

Darum möchte er zu einer ganz besonderen Gruppe gehören.

Walter hat Angst vor Katastrophen.

Darum möchte er gerettet werden.

Walter findet das Dasein auf dieser Erde (Entschuldigung) beschissen.

Darum will er weg. Und darum findet er es richtig, wenn die Erde zerstört wird.

P.S.: Falls Sie in den kommenden Tagen noch mal zufällig an Walter denken, so denken Sie bitte nicht an Walter, sondern Wolter.

Das hört sich international an.

Das würde ihm gefallen.

Diesen Gefallen können wir ihm doch tun.

Pause

Eine Kundin mit einem kleinen Mädchen an der Hand schreit eine Gemüseverkäuferin an. Ich merke, sie ist verwirrt. „Schreien Sie mich nicht so an!" – „Ich schreie, wann ich will!" Das kleine Mädchen an ihrer Hand will die Mutter wegziehen. Da mischt sich der Mann neben mir ein, und er beschimpft die Schreierin, also die Anschreierin. Ich, sodass die Umstehenden es hören können, leise, doch laut genug: „Das ist eine Krankheit, lassen Sie es doch gut sein." Der Mann neben mir lässt sich nicht stören. Brüllt weiter. Ich wende mich ihm zu und sage: „Die Frau ist krank." Die Anschreierin brüllt etwas von Verfolgung und Haare abschneiden. Unter ihrem Kopftuch ist sie kahl. Ich fühle, sie sitzt fest in einer alten Geschichte. Sie lebt etwas nach, was in der Vergangenheit geschah. Mein Nachbar tut so, als ob er meine Worte nicht gehört hätte, ich wende mich ihm noch mehr zu und lege sanft meine rechte Hand auf seinen linken Oberarm. Er stößt hervor: „Sowas kann man sich doch nicht gefallen lassen." Nun endlich sieht er mich an. Nochmals sage ich nun direkt zu ihm und in seine Augen hinein: „Die Frau ist doch krank, da kann man doch einfach mal stille sein, sonst wird doch alles nur schlimmer." Abrupt dreht der Mann sich weg von mir und geht.

Die Frau mit dem kleinen Mädchen geht auch, und einige Frauen sagen zueinander: „Das arme Kind!" Die Verkäuferin, die angegriffene Verkäuferin, ruft ihre Kollegin: „Lore, komme mal, ich brauche eine Pause."

Das Pärchen

Das Pärchen, das über mir wohnt, versteht sich nicht mehr. Ich sehe es nicht, ich höre es nicht. Aber es hängen schwarze Rußflocken von meiner Decke in meinen Wohnraum hinein. Das bedeutet, dass ihre Probleme bereits durch ihren Fußboden gedrungen sind und die Zimmerdecke passiert haben. Was bleibt mir zu tun? Da die Rußflocken mentaler Natur sind, nehme ich einen großen gewerblichen Staubsauger (natürlich ebenfalls mental) und sauge damit alles ein. An der Decke bleibt nur eine dunkle Stelle sichtbar. Die werde ich bei der nächsten Renovierung (real) überstreichen. Mehrmals, bis alle Erinnerungen daran gelöscht sind. Den gefüllten Staubsaugerbeutel lasse ich von behilflichen Wesen an einen sicheren Aufbewahrungsort bringen. Dort wird der Inhalt entsorgt werden.

In der Wohnung über mir ist Ruhe eingekehrt. Früher waren die beiden nachtaktiv. Nun ist es still. Irgendwie viel zu still. Dann plötzlich Krach, Gepolter, Geschrei. Rums, bums, polter, polter. Ein Satz: „Lass mich in Ruh!" Ein weiterer Satz: „Las du mich in Ruh!" Nun Schluchzen, Schluchzen. Dann wieder: Polter, rums, knall. Ssssss (Aufzug abwärts). Seitdem herrscht Stille.

Noch 'ne Nachbarin

Sobald ich aus der Wohnungstür trete, kommt sie aus ihrer Wohnung. An ihr komme ich nicht vorbei. Sie ruft: „Na, Sie fröhliche junge Frau." (Fröhlich, jung?) „Ich wünsche Ihnen nicht ein gutes neues Jahr, ich wünsche Ihnen einen Mann." Hä? Dann fährt sie fort: „Meine Wellensittiche vögeln sich wund. Welches Sternzeichen haben Sie? Was arbeiten Sie? Wollen Sie nicht auswandern?" Sobald ich aus der Tür trete, geht das los, aber immer drinnen bleiben geht auch nicht. Neulich war mein Sohn bei mir zu Besuch. Den hat sie gefragt: „Würden Sie Ihrer Frau Mutter die Beerdigung bezahlen?" Seine Antwort habe ich nicht verstanden. Ich glaube, er sagte „ja". Ich bin sicher, er würde das tun.

Bericht von Tante Gusti

1918, die deutschen Städte waren zerstört
die Menschen hungerten
auch Gusti hungerte und ihre Familie
Französische Kriegsgefangene
mussten auf dem Lande und in den Städten arbeiten
die meisten Deutschen hassten die Franzosen
sie seien schmutzig und faul
sagten sie
auch Gusti hatte es so gelernt
Sie ihre Geschwister
und die anderen Kinder aus der Straße
kannten nur ein einziges französisches Wort:
Travaillez! – (Arbeitet!)
jeden Tag wurde ein Zug von
französischen Kriegsgefangenen
durch die Straßen zur Arbeit geführt
ausgemergelte Gestalten die Köpfe kahl geschoren
den Blick gesenkt
die Kinder standen an der Straße
und riefen im Chor:
Travaillez Travaillez
auch Gusti machte mit
eines Tages stand sie allein
an der Straße
sie brüllte: Travaillez
als die Gefangenen vorübergeführt wurden

da sah sie wie ein Gefangener in der letzten Reihe
sich bückte und etwas zu Boden gleiten ließ
als alle außer Sicht waren
lief Gusti hin und hob es auf
es war eine eiserne Dose mit getrocknetem Brot
die eiserne Ration
Gusti nahm die Dose mit dem getrockneten Brot
mit nach Hause und gab sie ihrer Mutter
die Mutter weichte das Brot mit Wasser ein
und sie aßen es
Gusti rief nie wieder: Travaillez

Mutter

Ich sehe meine Mutter auf dem vergilbten Foto.
Sie sieht ganz süß aus.
Zu ihrer Zeit sagte man nicht „süß" über einen Menschen.
Süß war damals nur Zucker oder Honig.
In diesem Bild ist meine Mutter ungefähr vierzehn Jahre alt.
Sie trägt ein weißes Kleid und weiße Stoffschuhe.
Sie hat lange wellige Haare, in irdisch hatte sie glatte, wünschte sich aber immer wellige.
Da musste an Festtagen die Brennschere helfen.
Meine Mutter lächelt jetzt anmutig.
Die Melancholie, die zu Lebzeiten auf ihr liegt (lag), ist verflogen.

Meine Mutter sieht echt süß aus. Sie starb vor circa dreißig Jahren. Inzwischen liebe ich sie.

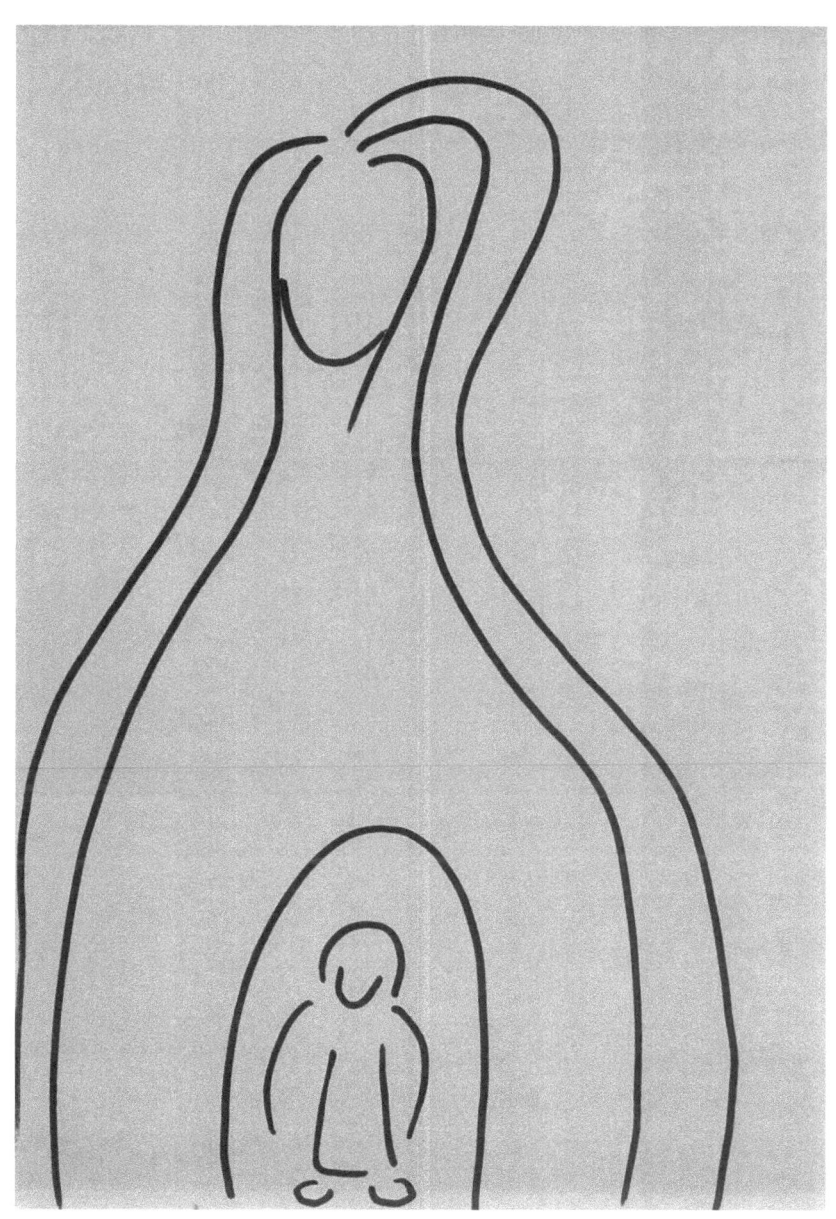

I h D l

Die Mutter schreibt an ihre Tochter.

Die wohnt nur 3 km entfernt.

Sie kommt nie zu Besuch.

Die Tochter lädt sie nicht ein.

So verbringen sie viele Jahre. Die Tochter schickt immer eine Karte aus dem Urlaub. Die Mutter antwortet mit einem Brief. Sie schreibt unter den Brief:

i h D l

Bitte wenden.

Auf der anderen Rückseite steht:

i h D l

Bedeutet: Ich hab Dich lieb.

Das Telefon klingelt.

Die Tochter ist dran.

Sie sagt:

Also, ich habe zu meinem Geburtstag vier Freundinnen eingeladen. Willst du auch kommen?

i h D l

Mit siebzig

„Sie haben ja ein tolles Motorrad!"
„Ja, stimmt, ich fahre gern."
„Ich würde auch gern mal, aber bei einer Größe von 1,55 krieg
ich das gar nicht gezähmt."
„Es gibt auch kleinere Motorräder oder man legt sie niedriger."
„Soll man denn mit siebzig Jahren noch damit anfangen?"
„Gerade dann!"

Dieser Mann versteht mich.

Wo ist Kuh-Mann

Unterhaltung eines deutschen Großbauern mit einem Äthiopier, als er diesem seinen Hof zeigt.

Der fragt:

Wo ist Kuh-Mann?

Antwort:

Der ist nicht hier. Alle Kuhmänner von Deutschland leben getrennt von Kuhfrauen.

Der Äthiopier sieht ihn fragend an.

Antwort des Großbauern:

Da wird von denen der Samen aufgefangen und eingefroren.

Entsetztes Schweigen.

Der Bauer erklärt weiter:

Das wird dann in die Kühe eingebracht. Dieses Kälbchen hier ist erst drei Wochen alt. Leider ist es ein Junge. Der Arzt schneidet ihm etwas ab, dann ist es ein Ochse.

Der Äthiopier antwortet:

Ein Ochse.

Die Zu-Mut-ung

Manchmal im Leben,
Wenn es so richtig fies wird,
Höre ich in meinen Ohren:
Du sollst ein Engel sein (werden).
Der Klang ist mehrdimensional.
Entweder werde ich dann sauer
wegen einer solchen Zumutung
oder ich muss weinen. Auch mitten im Bahnhof.

Ohne mich

In dem Magazin steht, dass Wissenschaftler nun etwas vom Schweißtuch der Veronika abkratzen wollen. Sie wollen eine Probe nehmen und die untersuchen. Veronika war die, welche Jesus in seinem Leiden ihr Tuch gereicht hat, damit er den Schweiß (des Leides) damit trocknen konnte. Klar hätten die Menschen gern eine DNA von Jesus, dann könnten sie ihn klonen und sich seine Fähigkeiten einverleiben, glauben sie.

Und was nun möchte Mensch? Er möchte sich die Attribute Gottes aneignen (er mag halt nicht, wenn einer mehr weiß und kann als er selber. Das findet er unzumutbar). Er, der Mensch, rüstet nach durch Technik, Wissenschaft, Medizin, er arbeitet und forscht. Erstrebt Allmacht durch Computer, Allgegenwart durch Kameras, Abhörsysteme, Drohnen, Weltraumeskapaden, „ewiges" Leben durch die Verbindung von Technik und Medizin.

Es werden in der Zukunft Millionen Nanoteilchen in die roten Blutkörperchen eingebracht. Dann kann man zwanzig Minuten ohne Sauerstoff auskommen, riesige Sprints hinlegen, muss keine Medikamente mehr nehmen. Was man sonst noch alles kann, wird in der TV-Sendung nicht gesagt. Computer/Roboter verschmelzen mit dem Menschen. In Kürze wird es Computer geben, die sagen dem Menschen, was er zu tun hat, nicht umgekehrt. Wie sagte ein Medienmacher in diesem Zusammenhang: Wir müssen die Ehrfurcht vor dem Leben loswerden, dann können wir weitermachen.

Warum werden Roboter menschenähnlich gestaltet? Klar doch, dann lieben wir sie sofort, die putzigen Wesen, die dann mit unseren Kindern spielen, die aufmerksam, dienstbereit den alten Leuten in ihrem Alltag und in ihrer Einsamkeit helfen.

Auf einer Computermesse umringen drei junge Mädchen einen vermenschlichten Computer. Zuerst fragt der: How are you und Where do you come from. Dann sagt er unvermittelt und ohne, dass irgendjemand ihm einen Anlass gegeben hätte: Kiss me! Die Mädchen kreischen und laufen davon.

Auf eben dieser Messe kneift ein japanischer Professor sein Roboter-Ebenbild in den Hals (er kniff in Gummi, aber mir tat das weh).

Der Vatikan kniff beide Augen zu; er ließ verlauten: Gott hat den Menschen die Kreativität gegeben. Nutzt dieses Geschenk. Es ist nichts Verwerfliches daran, ein Fahrzeug zu entwickeln, das sich selber lenkt.

Bei militärischem Zwecken würden Roboter doch auch dazu dienen, Menschenleben zu schützen.

Ein Mediziner ließ wissen: „In der nächsten Generation kommt es zu einer biochemischen Revolution. Die heutige Medizin ist dann veraltet. Es wird zu einer biochemischen Behandlung kommen. Krebszellen brechen dann nicht mehr aus. Durch eine Kapsel wird der Alterungsprozess verhindert, man verjüngt sich sogar.

„Religion" entstand in vorwissenschaftlichen Zeiten. Damals dachte man, der Tod sei etwas Gutes. Etwas Natürliches. Jetzt möchten Wissenschaftler den Tod überwinden. In der Zukunft: Der Mensch hat dann Chips im Gehirn, Dateien. Er lernt unbegrenzt dazu. Ist Gastgeber für Elektronik. Er wird dann auch von anderen programmiert. So wird das sein. Der Mensch kann letztendlich das Wissen der gesamten Menschheit in einem Chip in seinem Gehirn speichern. Und irgendwann, irgendwann werden dem Computer Menschenrechte zuerkannt. Dann machen sie die Weltgeschichte.

Ich glaube, ich fang vor Schreck das Beten wieder an. Ungefähr so:

„Lieber Gott, wenn das eintritt, dann, bitte, möchte ich nicht auf der Erde wiedergeboren werden. Ich will keinen Roboter haben, und ich will auch keiner sein."

Antwort:

„Das muss du auch nicht."

Ich:

„Ich hatte gedacht, ich müsste noch auf der Erde sein oder bleiben, um den Gesinnungsfreunden und -freundinnen beizustehen."

Antwort:

„In dieser Angelegenheit entscheidet jede/jeder für sich alleine. Du bist frei, das zu verwirklichen, was du möchtest, wofür du dich entscheidest."

Wie sagte der Mediziner: „Wir müssen die Ehrfurcht vor dem Leben loswerden, dann können wir so weitermachen."

Ach, Mensch!

Warum – Darum

Soziale Ächtung
sozialer Tod
gebrochene Lebensläufe (Herzen)
und kein Gegenpol
Mobbing
Diskriminierung
Ausgrenzung
und kein Gegenpol
Computerspiele „Spiele?"
Kopfschüsse als Ziel
Belohnung bei vielen Erschießungen
und kein Gegenpol
Allmachtsfantasien
Mordgedanken
Selbstmordgedanken
Weltmachtsfantasien
Aufnahme in eine Gruppe
Gemeinschaftsgefühl
Zugehörigkeit zu einer besonderen Gruppe
gleiche Ziele
Identifikation
auserwählt sein
besonders sein
Feindbild haben (die Gottlosen bzw. die Gottgläubigen)
sich opfern für ein hehres Ziel
Sprengstoffgürtel
Attentat

Weggeliebt

Die kleinen Gemeinheiten
die hämischen Blicke
die abschätzigen Bemerkungen
das „aus Versehen" ignorieren, übergehen
wenn sich das dutzendfach fortsetzt
wenn sich das hundertfach fortsetzt
oder gar tausendfach
und nicht einer ist da
der die Verletzungen „wegliebt", wegstreichelt, wegküsst
oder weglobt
dann – irgendwann –
kommt es zum
to be or not to be
to kill or not to kill
(so viel Englisch versteht jeder)

Gut, dass ich dich hatte

Gut dass ich dich hatte
wie viele Messer (von mir)
hast du
in die Mülltonne geworfen
damit ich damit
nichts anrichten konnte
und das Schlimmste wäre gewesen
es hätte nichts geholfen

Gut dass ich dich hatte
wenn du nicht
immer wieder mit mir geredet
wenn du mich nicht verstanden hättest
wäre ich jetzt schon
unter der Erde
und das Schlimmste wäre gewesen
ich hätte noch ein paar mitgenommen

Sein

Für/in/mit/durch Gott sein
in den ewigen Welten.
In den ewigen Zyklen.
Teil-nehmen. Teil-sein.
Keine Teilchenbeschleunigung benötigen.
Keine Pro- und Antiprotonen zusammenstoßen lassen.
Keine Quantenmechanik, keine Gravitation nachweisen (müssen).
Sein.

Einer, also ein älterer Prominenter, sagt gerade im Fernsehen:
Ich habe das Christkind verschluckt.
Ehrlich gesagt, den Ausspruch finde ich zum K…

Ich höre die unhörbare Stimme, die sagt zu mir:
Häng Dich da nicht weiter rein.
Sei neutral. Beziehe Stellung, aber währenddessen sei neutral.

Halte nicht zu etwas, halte nicht zum Gegenteil. Halte zu Gerechtigkeit, zur Wahrheit.

Weiter sagt die Stimme:
Bleibe jetzt in dieser Phase schön sicher im Verborgenen.
Ehemals bist du dem Verlangen nach Ruhm und Ehre erlegen. Du wolltest Öffentlichkeit, wolltest glänzen. Darum bist du logischerweise gescheitert.

Du hast daraus gelernt. Du hast erfahren, wie schnell dein größter Verehrer dein größter Widersacher wurde.

Wenn irdische Bindungen zerbrechen, zerbröseln, zerrinnen, das ist schmerzhaft.

Lerne Liebe.

Frieden schaffen

Die Entwicklung in den letzten siebzig Jahren:
Frieden schaffen ohne Waffen.
Frieden schaffen mit immer weniger Waffen.
Frieden schaffen ohne Atomwaffen.
Friede schaffen geht nicht ohne Waffen.
Frieden schaffen mit Waffen.
Frieden schaffen mit immer mehr Waffen.
Je mehr Waffen, umso mehr Friede.

Im zügellosen Kapitalismus ist das Streben nach Besitz und Macht grenzenlos.
Wir haben eine Anspruchshaltung auf Geld und Gut.
Wir tun, als ob uns alles zustünde: Geld, Gesundheit, Schönheit, Luxus, Karriere.
(Der Glücksanspruch, egal in welchem System, führt ins Unglück.)
Wer nicht mithalten kann, der „muss zum Psychologen", damit er angepasst und glücklich wird.
Der Mensch hat die Technik entwickelt, er glaubt, er dürfe die Natur ausbeuten.
Religionen/Staatsformen müssen nicht schlecht sein.
Das Problem liegt beim Menschen, was der daraus macht.

Vor vielen Jahren gab es eine Kultur mit Menschen, die viel mehr konnten als ein Mensch heute kann.

Sie hatten Macht über Materie, konnten mit ihrem Geist über sie herrschen.

Sie experimentierten mit ungeheuren Kräften.

Mit der Zeit wollten sie alles tun, alles können, ohne zuerst zu fragen: Ist das, was wir vorhaben, in Einklang mit den kosmischen Gesetzen?

Die Explosion erfolgte.

Dabei wurden Seelenkörper auseinandergerissen.

Die Teile irrten im Universum umher.

Sie sehnten sich danach, wieder ein Körper zu sein.

Sie litten unter Schuldgefühlen, unter Heimatlosigkeit und Zerrissenheit.

Die Seele suchte ihre versprengten Teile, Karma, Identität und Heimat.

Es folgten viele, viele Leben in Not, Leiden und Mangel.

Nun ist es passiert:

Die göttliche Liebe hat den Engeln befohlen, deine weit auseinanderliegenden Seelenteile zu suchen.

Sie haben sie bereits wieder aneinandergefügt.

Du, Mensch, bist wieder komplett …

Du bist heil, du bist ganz.

Du bist zu Hause.

Du bist deine Heimat.

Du dein Zuhause.

Liebes Kind,

wenn du magst, dann gib eine – deine WILLENSerklärung ab;

denke und sage nur einen einzigen Satz, nämlich diesen:

Hiermit erkläre ich, dass ich mein Leben (meine Leben),

seien sie nun stofflich oder unstofflich,

irdisch oder unirdisch

verbringen werde in

Natürlichkeit, Einfachheit, Würde, Wahrheit, Gerechtigkeit.

Ich weiß,

ich bin eh unsterblich.

Ich lasse die, welche andere Wege wählen,

und gehe den meinen.

Ode an Hasi

Hasi ist mein Vorbild.
Sein Wahlspruch lautet:
Lebe dein Leben, wild und gefährlich.
Hasi ist mein Krafttier, mein Power-Animal.
Hasi ist Inspiration.
Durch seinen Wahlspruch werde ich energetisch aufgeladen.
Wenn's irgendwo kracht – schwupps – sind wir weg (erst einmal).
Unter den Büschen oder unter der Bettdecke.
Hasi ist mein Stofftier.

Glaubliches/Unglaubliches

Ein strahlender Engel mit leicht ausgebreiteten Flügeln steht einfach da, nichts bewertend.
Ein fledermausartiges Wesen kommt angeflogen und will ihm das Strahlen aussaugen.
Der Engel wird ohnmächtig und fällt zu Boden.
Das Fledermauswesen wird nicht strahlender vom Aussaugen.
Nun hört das Bild auf.

Was sind das denn für Symptome?
Ich sehe Insekten und andere kleine Tiere in der Wohnung, Tiere, die gar nicht da sind.
Fühle Stechen und Jucken, muss niesen und husten.
Die Augen tränen.
Ich fühle Stiche am Hals, in den inneren Organen, unter den Augenlidern.
Wache in der Nacht oft auf; fühle Haare, Fäden im Gesicht,
Maden im ganzen Körper, Schwäche, Unruhe, Hitzewellen, Übelkeit, extreme Esssucht.
Duschen hilft nicht; ich fühle mich trotzdem schmutzig.
Bin vergesslich,
ungeduldig,
genervt,
eifersüchtig,
menschenscheuer als sonst.

Was sind denn das für Symptome?

Schließlich gehe ich zum Arzt.

Er schaut mich lieb an und sagt: „Das ist nichts Physisches, nichts, was man medizinisch behandeln könnte."

Der Arzt sagt das mit milder Stimme.

Ach so, habe verstanden. Dann auf Wiedersehen.

Die Stimme sagt:

Hallo, liebe Seele!

Es ist nun Mitternacht, und du wartest auf deinen Mann. Er hat sich verschlossen vor dir und auch vor uns. Es muss noch einige Erfahrungen machen, bis er beginnt, andere Menschen zu sehen und zu verstehen.

Du machst es jetzt richtig. Bewahre deinen inneren Frieden und tu, was gut ist für dich, auch wenn das nicht deinem ursprünglichen Vorhaben entspricht und den Normen.

Es ist ein Ausnahmezustand, und du musst für dich sorgen. Tu es mit gutem Gewissen. Wir können deinem Mann zurzeit nicht helfen, weil er sich verschließt.

Wir können dir weder raten, ihn zu verlassen, noch können wir dir raten, bei ihm zu bleiben.

Du wirst die richtige Antwort finden und den richtigen Zeitpunkt für die Entscheidung wählen.

Pflege dein Zuhause. Es ist dein Hort, deine Sicherheit. Es ist wirklich dein, so wie du es gestaltet hast. Pflege es, als ob du nie ein Schöneres bekommen würdest in diesem Leben. Dein Geist lebt darin.

In der nächsten Phase deines Lebens werden wir dich Schritt für Schritt mit dem Tod vertraut machen.

Wir werden euch einander vorstellen, euch zu Freunden machen.

Du wirst die Geheimnisse von Leben und Tod verstehen, dieses Mal wirst du es schaffen.

Dieses Mal wirst du auch zu Menschen darüber reden können.

Warte noch ein wenig,
Du wirst leiden,
aber nicht so stark wie früher.
Halte noch etwas durch.
Dann wirst du alles verstehen.
Wir sind mit dir.

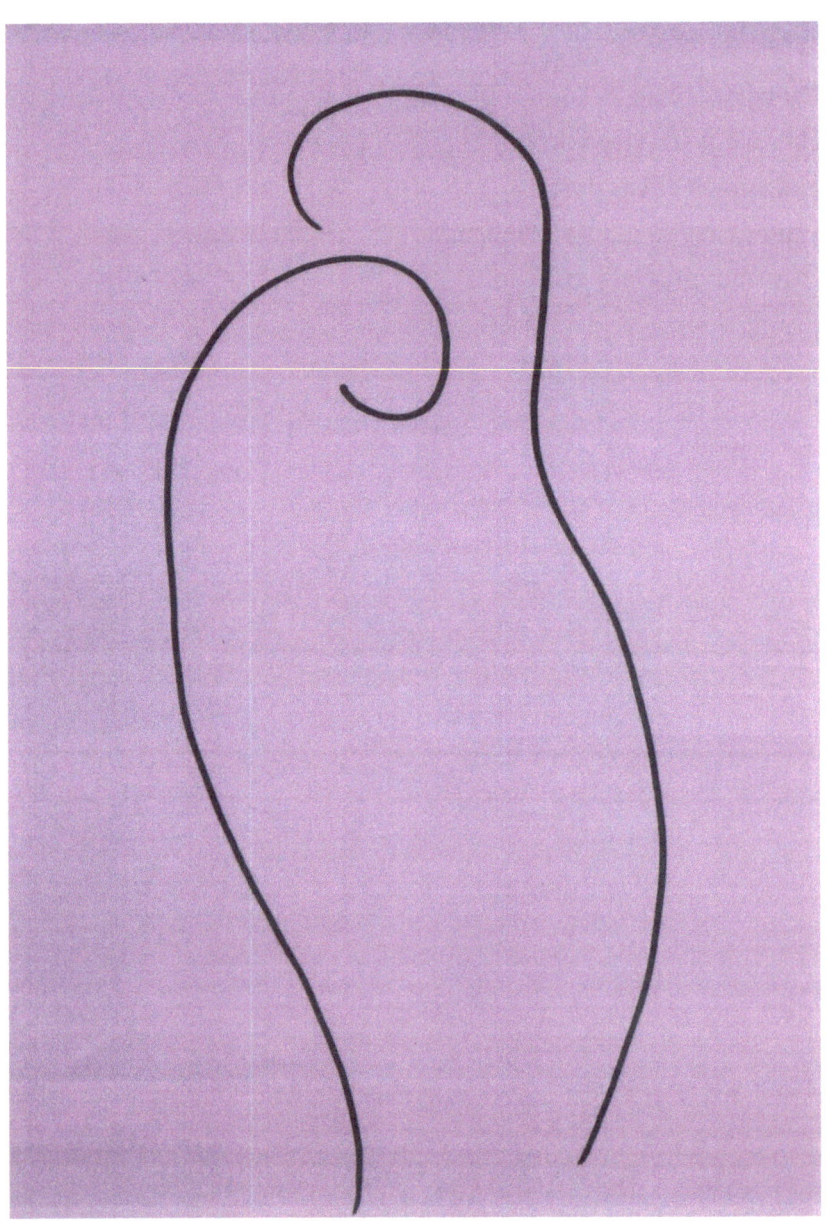

In der Mitte des Weges

Ich will einen Friedhof besuchen.

Zuvor werfe ich drei Bonbons ein (ich meine in meinen Mund).

Dann gehe ich durch das Tor.

Was finde ich?

Statt Bedrückung Aufatmen. Die Seelen atmen auf.

Sofort habe ich etwa dreihundert Geister im Schlepptau.

Sie folgen mir; sie belagern mich.

Das ist deutlich.

Sie suchen eine Art Besserung ihres Zustandes.

Sie alle sind Erdgebundene.

Was soll ich machen? Ich kann sie doch nicht einfach auf Bänken deponieren; sie möchten eine Erlösungsbotschaft von mir.

Hier und heute. Augenblicklich.

So nehme ich die Gelegenheit wahr, ihnen vom Licht zu berichten, ihnen zu empfehlen, sich auszurichten nach dem Licht der Liebe und des Friedens.

Da sie mir gefolgt sind, bin ich sicher, dass sie erlösungsbereit sind.

Hierauf verschwindet etwa die Hälfte der Geister.

Sie bewegen sich in einer Art Wolke himmelwärts.

Aber die anderen. Die folgen mir, nein, sie verfolgen mich. Ich will das nicht. Nicht so!

Als ich nach einer Lösung suche, sind neben mir ein bis drei nette Geister. Die wollen mir helfen.

Sie sagen: „Geh in der Mitte des gepflasterten Weges. Du musst wissen, die Toten in den Gräberreihen rechts und links des Weges haben sich den Weg als Revier aufgeteilt. Die von der linken Seite dürfen nicht die unsichtbare Trennlinie übertreten, die von rechts nicht ihre Weghälfte überschreiten. Wenn du auf der gedachten Mittellinie gehst, kann dir nichts passieren. Niemand kann sich dann an dich heften."

An diesem Tage lerne ich, dass erdgebundene Seelen, die sich noch im Erdenstreit befinden, den auf dem „Friedhof" fortsetzen können.

In diesem Falle war es nichts mit „ewiger Ruhe".

Menschen machen (betreiben) so lange ihre Feindseligkeiten, bis sie damit aufhören.

Dasselbe tun sie als Geister.

In dem Wort Feindseligkeit steckt das Wort Seligkeit. Du kannst einen Geist nicht ins Licht f ü h r e n , du kannst ihm das nur vorstellen. Dann entscheidet er selber.

Ich danke den ein bis drei Ratgebern für ihre Tipps und gehe in der Mitte des Weges.

Das liegt ganz bei dir

Ich frage so'n höheres Wesen
aus Interesse, ehrlich gesagt, aus Neugier,
wie es denn so auf der anderen Seite weitergeht.
Einfache Frage – einfache Antwort:
„Dort wie hier,
das liegt ganz bei dir."

Friede, Freude, Eierkuchen

Ich verstricke mich in den Problemen anderer Leute.
Ein Engel brüllt mir ins Ohr:
„Nimm das nicht auf, nimm das nicht an.
Das ist nicht deine Baustelle.
Du darfst behutsam etwas zu bedenken geben, erörtern;
du darfst keine Ratschläge geben.
Du hast kein Recht dazu,
du hat kein Recht, Lösungen zu empfehlen.
Es gibt nichts zu zwingen, zu beweisen.
Die Menschen gehen ihren Weg, treffen ihre eigenen Entschei-
dungen.
Halt dich raus. Gib das Schwere mir. Ich lotse es fort von dir."

Ich antworte:
„Danke sehr. Schenkt mir ein Siegel für meinen Mund,
damit ich lerne, die Klappe zu halten,
und schenkt mir ein Siegel für den Teil meines Verstandes,
der beweisen will, der bewerten will.
Der dominieren und schlimmstenfalls manipulieren will.
Schenkt mir Befriedigung im Zuhören, im Verstehen,
im Nettsein, im Be-denken.
Und schenkt den Ratsuchenden klare Entscheidung."

Eine frühere Freundin sagte mal zu mir:
„Du willst immer nur Friede, Freude, Eierkuchen."
„Stimmt", antwortete ich, „am liebsten Eierkuchen."

Mina

Mina, die aggressive, freche, anmaßende, unerreichbare.
Ich frage sie:
Mina, was wünschst du dir? Wie fühlst du dich?
Sie antwortet in Bildern;
zuerst ist sie eine berühmte Reiterin (Realität),
dann schrumpft sie zu einem Mistkäfer im Pferdestall zusammen,
darauf folgt das Bild,
sie als daumengroßer Embryo.

Oh, sage ich, Mina, du musst so kämpfen,
weil du dich so entsetzlich klein und schwach fühlst.
Ich danke dir, dass du mir die Bilder gezeigt hast,
nun kann ich dich besser verstehen.
Ich möchte dein Herz erreichen,
ich wünsche dir, dass du entspannen kannst.
Das Leben ist so hart,
wenn man immer kämpfen muss.
Sieh mal, die meisten Menschen fühlen sich auch nicht
besonders gut, du bist nicht allein damit.
Du wirkst arrogant.
Dabei bist du ängstlich. Du wirkst hochmütig, dabei fühlst du
dich minderwertig.
Entdecke deinen Wert und – – –
wenn sonst kaum einer lieb zu dir ist, sei du selber
nett zu dir.
Du bist ein Schatz.

Das Altern

Das Altern, ach ja,
das gibt es ja auch noch.
Das Altern beginnt, wenn die Noch-Zeit beginnt.
Was muss ich noch, was will ich noch,
was kann ich noch. Sehe ich noch gut aus? Wie lange habe ich
noch …
Eines ist klar:
dieses Buch werde ich noch fertigschreiben.

Ärzte und Wissenschaftler erklären das Altern mit Verschleiß.
Ist das alles? Der Ablauf des Lebens ist:
Entstehen, Keimen, Wachsen, Aufblühen,
Das Früchtebringen geschieht in der Hochzeit
der Kraft und Produktivität.
Danach erfolgt langsames Abflauen, Älterwerden und schließlich
das Altsein.

Kommt da vielleicht noch was hinterher?
Mal sehen.
Es bleibt spannend.

Und die Nicht-mehr-Zeit,
wie wird die sein?
Nicht mehr volles Haar,
nicht mehr viele Zähne,
nicht mehr viele Freunde,

nicht mehr viele Hobbys,

nicht mehr viele Reisen,

nicht mehr viele Küsse,

nicht mehr oft das Haus verlassen?

Nicht mehr oft das Bett verlassen?

Dann, bitte, komm mich mal besuchen.

Erinnerungen
Wikipedia: mentale Wiederbelebung früherer Erlebnisse und Erfahrungen

Es war einmal vor ungefähr dreihundert Jahren ein Ehepaar, das lebte auf einem Gut in Südamerika. Sie selbst waren spanischer und portugiesischer Abstammung. Die Frau kümmerte sich um den Haushalt, der Mann um die Beaufsichtigung der schwarzen Arbeiter auf der Farm. Manchmal besuchten sie die anderen Europäer auf den umliegenden Farmen, aber alle lebten gleich langweilig und gelangweilt. Die Frau kümmerte sich sehr um die Küche, die Angestellten und deren Kinder, die sie liebte wie ihre eigenen, wenn sie welche gehabt hätte. Wenn die männlichen Kinder größer wurden, mussten sie auf den Feldern arbeiten.

Die Frau ging manchmal abends zu den Hütten der Sklaven und brachte ihnen Mais und Gemüse; sie saßen dort um das Feuer und kochten und sangen. Dort war die Frau glücklich, dort fühlte sie Leben, und diese Menschen liebten sie. Sie schaffte heimlich alles Essbare aus dem Haus, was sie konnte, um den Menschen ihr Schicksal etwas zu erleichtern.

Ein junger Mann von sechsundzwanzig Jahren war unter ihnen, den sie schon von Kind an kannte und besonders liebte. Er ritt jeden Morgen das Pferd ihres Mannes aus. Eines morgens erschrak das Pferd beim Ritt über den Fluss vor einer Schlange, bäumte sich auf, warf seinen Reiter ab und brach sich den Fuß. Der Mann und alle erfuhren davon, und die Frau hörte, wie er sagte: „Wenn das Pferd erschossen werden muss, dann ist er dran."

Die Frau war tief bestürzt über diese Worte und sagte: „Er kann doch nichts dafür, das Pferd hat sich erschrocken."

Er antwortete: „Ich habe schon lange gemerkt, dass du ihn lieber magst." Er meinte, lieber als mich.

Sie war noch verstörter und hoffte, das Pferd würde gesund oder es würde ein Wunder geschehen. Sie verbrachte einige Tage in größter Unruhe. Sie versuchte, ihren Mann zu verführen und flüsterte: „Ich liebe dich am meisten auf der Welt." Er nahm ihre Liebe an, änderte aber nicht seine Meinung. Sie konnte ihn auch nicht jeden Abend verführen, nur um ihn gnädig zu stimmen.

Eines morgens nahm er sein Gewehr aus dem Schrank, sie hatten gerade gefrühstückt, und ging hinaus. Sie wusste, was geschehen würde. Sie hörte den Schuss.

Ihr Mann befahl den anderen Sklaven, den jungen Mann zu schlagen. Er selber tat nichts und sah auch nicht zu. In der Dunkelheit ging die Frau mit Verbandszeug und kühlenden Essenzen zu der Grotte, in der sie den jungen Mann vermutete. Er lag dort auf dem Bauch, sah aus wie ein alter Mann. Die anderen Sklaven hatten ihn mit Ketten geschlagen, die Frau kauerte zu ihm nieder. Sie wusste, dass sie ihren Mann nun nie wieder lieben könnte mit ihrem Körper. Der Junge flüsterte: „Wenn ich Sie nur einmal lieben dürfte."

Die Frau erschrak, ihre Gefühle für den Jungen waren mütterlich gewesen. Sie antwortete: „Selbst, wenn ich es wollte, ich dürfte es nicht tun, ich bin verheiratet. Aber was kann ich für dich tun?"

Der Junge sagte: „Sie müssen Ihren Mann auch verstehen, aber wenn Sie wiedergutmachen wollen, was er getan hat, dann töten Sie mich. Dass er befohlen hat, mich zu schlagen, war nicht das Schlimmste, aber dass meine eigenen schwarzen Brüder mich schlagen mussten, das war das Schlimmste. Ich will nicht mehr den Morgen sehen."

Er drehte sich auf den Rücken.

Sie erschrak: „Das kann ich nicht tun."

„Sie können es tun, sie müssen mir helfen, ich habe nichts mehr zu verlieren, ich ertrage die Schande nicht, ich gehe ohne Hass, ich will den Morgen nicht mehr hier sein, dann bin ich schon oben. Wir haben Sie immer Mama genannt. Hilf mir, Mama."

Sie sagte: „Ich weiß nicht, ob ich stark genug bin dafür."

Er sagte: „Versuchen Sie es! Ich werde mich nicht wehren, ich werde nicht kämpfen."

Da legte sie die Daumen rechts und links von seinem Kehlkopf an seinen Hals.

„Ja, so ist es schon gut", sagte er, „und nun drücken Sie zu, drücken Sie einfach zu, ich danke Ihnen und Gott schütze Sie."

Sie drückte zu. Er seufzte nur ein wenig, dann sank sein Kopf zur Seite.

Die Frau nahm alle Dinge wieder mit, die sie hätten verraten können, aber draußen begegnete sie den anderen Sklaven, die gerade nach dem Jungen sehen wollten, Alle taten, als hätten sie einander nicht gesehen. Es wurde nie darüber gesprochen.

Am nächsten Morgen wurde dem Herrn gesagt, dass der Junge gestorben sei.

Drei Tage später war die Beerdigung. Die Frau stand neben ihrem Mann und drückte leicht ihren Arm an seinen, damit er fühlen sollte, dass sie bei ihm wäre.

Zu Hause fiel er ihr in dir Arme und weinte hemmungslos.

Sie sagte: „So ist das. Wenn du hier auf der Erde bist, wirst du immer schuldig , du wirst immer schuldig, so oder so."

Er schluchzte: „Dieses Land macht mich so grausam und brutal, lass uns weggehen."

„Ja, lass uns weggehen", stimmte sie zu, „lass uns schnell von hier weggehen."

Du gehst

Du KOMMST nicht in die „Hölle“,

du gehst dorthin.

Du KOMMST nicht in den „Himmel“,
du GEHST dorthin.

Du kommst nicht ins „Nichts“,
du gehst dorthin.

Ein weiteres Ereignis

Es war einmal ein junges Mädchen, das lebte vor ein paar hundert Jahren in einem kleinen Dorf.

Seine Eltern waren gestorben, und es versorgte seine sechs jüngeren Geschwister. Es hielt das einfache Haus rein und zog die Kinder recht und schlecht auf, so gut es das eben vermochte.

Es war zufrieden mit seinem Leben und guter Dinge, nur eines hatte es noch nicht kennengelernt – die Liebe. Nach der sehnte es sich Tag und Nacht.

Jede Woche ging es zum Markt und kaufte verschiedene Gemüse, eben das, was zu Hause der Garten gerade nicht hergeben wollte.

Es kaufte immer bei einem Farmerehepaar, der Mann legte ihr die Ware vorsichtig in den Korb, aber so, dass seine Hand ihre Hand wie zufällig berührte. Es durchschauerte sie, und jeden Abend träumte sie von dieser Berührung, bis zum Einschlafen und auch in der Nacht und am folgenden Tag bis zum nächsten Gang zum Markt. Diese wie zufälligen Berührungen wurden ihr zum Lebensinhalt; alle Arbeit, alle Mühen und Entbehrungen mit ihren Geschwistern waren nun leicht zu ertragen, denn sie hatte die Liebe kennengelernt.

Die Frau des Bauern trug eine weißgestärkte Bluse und sah misstrauisch herüber, wenn die junge Frau ihrem Mann den Korb hinhielt, um die Sachen hineinzulegen.

Der Mann flüsterte ihr zu: Heute Abend werde ich dich besuchen, ich komme hinter dein Haus.

Nein, antwortete sie, und wusste doch, dass es so sein würde. Am Abend, als die Geschwister schliefen, trat sie hinter das Haus, niemand hatte sie gesehen. Er wartete schon, und als sie aufeinander zutraten, umarmten sie sich und ließen einander nicht mehr los. Sie sanken in den von der Tagessonne noch warmen Sand. Er lag auf ihr und sie hielten einander ganz fest, und sie sah die Sterne am Himmel und weinte vor Glück und dachte: Nun habe auch ich die Liebe kennengelernt.

Dann dachte sie an ihre Geschwister und an seine Frau. Sie wischte die Spuren der Liebe mit einem weißen Tuch ab.

Sie trennten sich. Er sagte, ich komme nun so oft ich kann, und sie antwortete nein.

Am nächsten Tag konnte sie ihre Seligkeit nicht für sich behalten, sie erzählte ihrem jüngeren Bruder von ihrem Glück. Er fragte immer weiter, bis sie ihm den Namen des Mannes verriet. Er ging zu dessen Frau, weil er glaubte, es sei seine Pflicht, sie zu unterrichten.

Nach wenigen Tagen wurde die junge Frau festgenommen und vor ein Untersuchungsgericht gestellt. Eigentlich hätte der Fall verschwiegen werden können, aber die Frau des Mannes ließ keine Ruhe und betrieb auch seine Verhaftung. So wurde ein provisorisches Gericht errichtet aus einigen Bänken und einem Holztisch, das Mädchen nun eine junge Frau geworden war, musste dort erscheinen. Das bewusste weiße Tuch lag dort auf dem Tisch und die Leute höhnten: Von Nasenbluten wird das wohl nicht gekommen sein. Sie war sehr beschämt, dass ihr allerliebstes inneres Geheimnis hier so an in die Öffentlichkeit gezogen wurde.

Sie wurde gefragt, ob das ihr Tuch sei. Es waren ihre Initialen eingestickt.

Nicht wissend, wie gefährlich die Situation für sie war, antwortete sie schnippisch: Wenn's sonst keinem gehört, wird's schon mir's sein. Dann wurde sie wieder gefragt: Maria Josefa Emmelmann, wie oft waret ihr mit diesem Mann, sie sagten – ehrenwerten Kaufmann – zusammen.

Sie musste schwören, dass es nur einmal war.

Sie bekam eine Schute um den Kopf gelegt, damit sie nicht nach rechts und links sehen konnte. Sie sagten, damit sie nicht weitere unzüchtige Blicke um sich werfen könnte, ja, nicht geradezu noch jemand verführen oder verhexen könnte.

Denn nun wurde der Mann, durch den sie die Liebe kennengelernt hatte, vorgeführt. Sie sah nur seine zusammengebundenen Arme und hörte seine Stimme, fremd und doch vertraut. Er begann zu leugnen, aber in der Zuschauermenge befand sich seine Frau, die alsbald schrie: er war es, er hat es gemacht, er soll mir nicht davonkommen.

An dieser Stelle hätte das Gericht nun eigentlich abbrechen müssen und den Fall an ein höheres Gericht in der Stadt verweisen müssen, aber die hohen Dorfherren hatten Vergnügen gefunden an dem Prozess und setzten ihn fort. Die besten Fälle nahmen ihnen die Richter aus der Stadt. Diesmal wollten sie ihren eigenen Fall und ihr eigenes Urteil haben.

Als Maria Josefa merkte, wie der Mann zu leugnen begann, hörte sie nicht länger hin, denn sie wollte ihre Liebe und ihr Gefühl retten. Sie entschuldigte ihn auch in ihrem Herzen, weil sie dachte, so soll er wenigstens gerettet sein und seiner Familie erhalten bleiben. Als er sie nun so ganz und gar im Stich ließ, starb ihre Liebe zu ihm doch nicht, denn sie sagte sich, ich bereu nichts, es war gut wie es war. Da die Ehefrau eine ehrbare Bürgerin war und von etlichen Leuten gefürchtet wurde und sie eine strenge Bestrafung ihres Mannes verlangte, konnten die Dorfherren ihren Mann nicht einfach laufen lassen, wie das sonst so üblich war. So stand er zwischen dieser jungen Frau – der er die „Unschuld" genommen hatte – und seiner Frau, die seine Bestrafung verlangte. Mit keinem Wort, mit keiner Geste hätte man erkennen können, welche von beiden Frauen er nun wirklich liebte.

Seine Frau sagte dann noch, er sei immer so, das sei nicht das erste Mal. Das traf die junge Frau besonders. Gleichwohl sie dachte, vielleicht sagt sie das nur, um noch mehr zu verletzen.

Es wurde ein unübliches Urteil gefällt, für die damalige Zeit und die Gegend, in der sie lebten, ganz und gar unüblich: Weil beide einander umarmt hatten, sollten ihnen zur Strafe die Hände abgehackt werden. In der letzten Woche vor ihrem Tod sollten sie gemeinsam unter einem Scheunendach, aber durch eine Holzwand getrennt, verbringen, angekettet sollten sie einander nicht berühren können, aber auch nicht auseinander können.

Die Geschwister der jungen Frau wurden verteilt an „anständige" Familien, und als letzte Vergünstigung durften der Mann und die junge Frau wählen, an wem zuerst das Urteil vollstreckt werden sollte. So verbrachten sie die letzten Tage und Nächte nur wenige Zentimeter voneinander getrennt und doch meilenweit voneinander entfernt.

Am schlimmsten war für die junge Frau nicht das Urteil, nicht die Lage, in die sie gekommen war, sondern dass der Mann ihr überhaupt kein Zeichen der Nähe, der Fürsorge und des Verstehens gab.

Während er nachts schlief, unruhig zwar, aber doch schlief, lag sie weinend da und erinnerte sich an den Moment der Vereinigung mit ihm und dass es sich gelohnt hatte, für diesen Moment zu leben und zu sterben.

Er hatte sie gebeten, ihn niemals zu wecken, und so weinte sie für sich und rieb sich die Hände wund an dem rauen Holz, welches sie trennte.

Am Morgen fragte er jedes Mal sehr ernst: Hast du gut geschlafen, und an jedem Abend sagte er gute Nacht, nur am letzten Abend nicht. Er sprach nicht über sich und seine Gefühle, aber sie spürte, dass er nicht im Frieden war mit sich und seinem Schicksal.

Einmal sprachen sie noch länger miteinander, als sie entschieden, wer von ihnen zuerst dran müsse oder dürfe. Sie dachte, dass sie stärker sei als er und mehr im Frieden, sodass sie ihm anbot, als zweite zu sterben. Dann hast du es schon hinter dir, sagte sie. Er nahm das dankbar an, ohne ihr jedoch die Dankbarkeit zu zeigen.

Das ganze Dorf hatte sich schon vorbereitet auf den Tag der Hinrichtung wie auf ein großes Fest.

Am Morgen kam noch der Pfarrer zu ihnen, eilig und beschämt, denn er wusste, dass hier kein Recht geschah. Die junge Frau nahm kaum wahr, dass er kam und wieder schnell ging, nachdem er einige Gebete gesprochen hatte über sie und gesagt hatte, dass er leider nicht bleiben könne, denn ein Sterbender habe ihn rufen lassen.

Sterben wir denn nicht, fragte sie sich innerlich, aber sie sagte nichts mehr. Sie sehnte sich nur noch nach einem lieben Blick, nach einem guten Wort ihres Geliebten. Eine letzte Umarmung zu erhoffen, wagte sie nicht.

Nichts dergleichen wurde ihr zuteil.

So wurden sie beide hintereinander abgeführt zum Richtplatz hin, auf dem noch nie so gerichtet worden war. Es waren Leute dort, aber die Verurteilte nahm nichts mehr wahr, zu sehr war sie damit beschäftigt, dass sie von ihm nicht dieses letzte Wort der Liebe, der Einheit, nicht diesen letzten Blick des Verstehens erhalten hatte. Sie war erfüllt von einer grenzenlosen Sehnsucht nach dieser einen Geste. Das war ihr einziger ewiger Schmerz. Mit ihm gemeinsam sterben zu dürfen wäre ihr eine Bestimmung, eine Ehre, ein Siegel der Verbundenheit gewesen.

Nun musste sie ohne dies sterben und das unerfüllte Sehnen mit in den Tod nehmen. Sie gab auf, den letzten, den allerletzten Blick von ihm empfangen zu wollen und begann zu beten. Sie hörte die Axtschläge und dann ein Höhnen der oberen Herren: Wenn wir ihm die Hände genommen haben, nehmen wir ihm doch auch den Kopf. Sie sah seine Hände, die Finger zusammengekrallt, im Sande liegen, dann hörte sie ein mehrmaliges Axtschlagen, aber da war ihre Seele schon nicht mehr in ihr.

So wie ihm, so geschah auch ihr. Die Kirchenglocken läuteten, und dann sah sie von oben ihren Kopf in einem Korbe liegen.

Und sie dachte, ich bin nun tot, aber beim nächsten Mal werden wir uns lieben, und dann wird alles, alles gut werden.

„Die Engel begannen mit dem Heilen als die Hinrichtung gerade erst vollzogen ist. Sie setzen die getrennten Körperteile mit unendlicher Vorsicht aneinander.

Um damit die ewige Heilung zu beginnen, schoben und fügten sie Knochen, Sehnen, Muskeln, Nerven und Blutgefäße und die Haut aneinander und zueinander. Das geschah mit Wellenbewegungen, Atommassagen,

Licht- und Farbduschen …"

So geschah es.

So geschieht es.

Fort-während.

226

Wie viele Leben hab ich denn schon gelebt?

Mir fällt die Zahl 226 zu. (Es fing an als Mikrobe.)

Dann will ich die einfach mal annehmen.

Jetzt stelle ich mir einen Versammlungsraum mit 226 Sitzen vor. Auf jedem sitzt, also sitze ich als die Person des jeweiligen Lebens oder als die betreffende Erscheinungsform. Ich, die Inkarnation all dieser Erscheinungsformen, stehe vorne auf dem Podium.

Es ist schön, all diese Ichs, die ich mal war und die ich bin, hier bei mir versammelt zu sehen.

Sie sind geordnet nach der Reihenfolge ihres Erscheinens auf dieser Erde. Da liegen auf Sitzen einige Föten, bloß, rot und ungeboren. Diese möchte ich jetzt in einem Liebesakt posthum gebären und/oder beerdigen.

Das Wichtigste ist dabei die Liebe, die Zuneigung, das Heilmachen.

Da liegen Kinderchen, den Wiegentod gestorben.

Dann junge Kinder, Jugendliche, Erwachsene, Männer und Frauen, Greisinnen und Greise. Ich bin Gesunde, Kranke, Täter und Opfer.

Alle, die hier in diesem Saal vor mir sitzen, erscheinen in Blau, vom hellsten Wasserblau bis zum dunkelsten Schwarzblau. Die jeweilige Färbung ist die Färbung des jeweiligen Lebens. Ihr Ausdruck davon.

Diese Ichs sind unterschiedlich auch in der Form.

Alle sind menschlich geformt, die Konturen sind unterschiedlich, einige starr als Block, Würfel, Rechteck, andere konturlos, auslaufend, ausufernd.

Einige äußern sich als Spirale nach innen gekehrt, andere als Spirale sich erweiternd, ausdehnend.

Dieses Mal, hier und jetzt, bin ich eine hellblaue Licht-Eiform auf dem Podium des Lebens.

Durch viele Körper ziehen sich Erinnerungsstreifen, andere sind fleckig. Das hängt mit den Erlebnissen des jeweiligen Lebens zusammen.

Fasziniert und angerührt schaue ich nach den 226. Mit jedem meiner Leben kann ich kommunizieren, kann daraus Informationen abrufen, kann Anfragen stellen.

Meine Ichs sind bereitwillig, hilfsbereit, gutmütig mir gegenüber.

Sie sind geradezu begierig, mir ihre Erfahrungen, ihr erworbene Weisheit mitzuteilen.

Sie erinnern mich an das, was ich zwischenzeitlich vergessen hatte.

Dafür bin ich dankbar.

226 Mal.

Es sind unterschiedliche Geister anwesend. Sie reden mit mir.

Die „niederen" Geister sagen: Du warst Opfer und wir versuchen, dich erneut zum Opfer werden zu lassen.

Ich frage: Wie wollt ihr das machen?

Sie antworten: Durch Überrumpeln, Verunsichern, Irreführen, dein Selbstbewusstsein untergraben, dir Schuldgefühle machen, falsche Behauptungen aufstellen.

Wir mischen Lob und Verehrungsbezeugungen mit Kritik und Angriffen.

Die „höheren" Geister sagen: Also, gib Acht auf deinen Körper, auf deinen Besitz,

deine Gefühle, deine höheren Werte, deine Gesundheit.

Schütze dieses alles, liefere dich nicht aus. Nicht einem Menschen, nicht einer Ideologie. Tu nichts, was du nicht wirklich möchtest.

Stell deine Haltung deutlich dar. Stell richtig, wenn es um Täuschungen geht oder um Irritationen.

Ich frage nochmals: Was ist meine Aufgabe in diesem Zusammenhang?

Antwort: Sei nett, sei freundlich, sei höflich zu den Menschen.

Behandle jeden mit Respekt, auch die, welche du nicht magst.

Wenn du aggressiv reagierst, vermehrst du den Hass in der Welt.

Vermehre Liebe.

Du hast das Recht, jemanden vorsichtig auf etwas hinzuweisen.

Du darfst etwas zu bedenken geben.

Du hast nicht das Recht, auf jemanden einzureden; wenn jemand deinen Rat nicht möchte, lass die Person.

Sie hat ihren eigenen Weg.

Das ist ihr gutes Recht.

Ich antworte: Danke euch, schenkt mir eine Bremse für den Teil meines Gehirns, der beweisen will, der überreden will, und schenkt mir ein Siegel für meinen Mund (zu Deutsch gesagt: meine Klappe), wenn ich anfange, ihr wisst schon …

Zwischen Himmel und Erde

… Da liege ich als weißes schmales Mädchen im Holzsarg, die
Hände auf der Brust gefaltet, ein hölzernes Kreuz zwischen den
Fingern. Ich bin zwölf oder fünfzehn Jahre alt.
Ich nehme Menschen um mich wahr.
Die trauern.
Niemand ist mir wirklich nahe.
Ich nehme die Menschen wahr als graue Nebelmasse.
Die Menschen verehren mich.
Sie sagen, ich wäre das Opfer einer schändlichen Tat.
Ich habe mich gewehrt, und dann erdrosselte dieser Mann mich
mit seinen Händen.

Ich wollte meine Unschuld – also das, was man zu der Zeit da-
runter verstand – bewahren und opferte mein Leben.
Als ich gestorben war, fühlte ich nur eines: Hass.
Ich lag im Sarg.
Die Dorfleute verehren mich als Märtyrerin.
Ich habe nur einen einzigen Gedanken:
Rache. Das Holzkreuz in meinen Händen umklammere ich,
während ich nur eines denke:
Ich werde Rache nehmen.
Sehe mich zustechen
mit einer Waffe in Kreuzesform.
Ich richte Blutbäder an,
blindlings und voller Genugtuung.
Über Jahrhunderte hinweg.

Schließlich geschieht etwas, das ich nicht erinnere.

Eine Veränderung … eine Wandlung.

Ich mag nicht mehr töten.

Liefere die Waffe in einem Museum ab.

Dort wird sie im Schaukasten ausgestellt. (als ein historisches Museumsstück)

In dieses Museum bin ich niemals gegangen.

Die Waffe habe ich nicht besucht.

Im Kolosseum

Eine Verfolgung zeichnet sich ab, kündigt sich an.
Schon wieder beziehungsweise noch immer.
Nein danke, nein bitte, nicht schon wieder!
Eine (Christen-)Verfolgung hat mir gelangt.
Die hat im alten Rom stattgefunden.
Ich fand mich voll cool. Im Colosseum mit den wilden Tieren.
Es war nicht die Liebe zu Christus;
es war überhaupt keine Liebe.
Es war Hochmut pur.
Verfolgt werden oder verfolgen sind zwei Seiten derselben Medaille.
Sind vom alten System.
Ich geh da raus.
Verabschiede das Damalige beziehungsweise das Bisherige,
segne Täter und Opfer,
also Opfer wie Täter
von damals und heute …
und gehe zur
Haltestelle.

Jemand setzt sich neben mich in der Straßenbahn.

Wir sehen uns kurz an.

In unseren Augen erkennt sich etwas.

Wir kannten uns, es war anderswo, woanders, vor vielen Jahren.

Ich sehe einen Marktplatz.

Eine Frau wird auf ein eisernes Bett gelegt,

mit Stricken daran gebunden.

Sie ist voll bekleidet.

Ihre Füße stecken in einer Art Sack,

damit man nichts von ihrem Körper sieht.

Die Menge ruft ein Wort,

es bedeutet Genugtuung, Gerechtigkeit, Reinheit.

Die Menge skandiert.

Ich sehe den schlagen, der heute Ado heißt, der jetzt neben mir sitzt.

Der nie die Rollläden hochzieht in seiner Wohnung.

Dessen Fische im Aquarium in völliger Dunkelheit schwimmen.

Dessen Gesicht zerfurcht ist von Alkohol und Drogen –

und von Schmerz.

Ich frage den Ado von heute:

Was habe ich dir getan, jetzt oder früher.

Da sehe ich die Antwort:
Ich sehe im Weltenraum eine Art Aquarium in Form einer Kugel.
Darin kauert er, Ado, der von damals
und von heute.
Er kauert darin, er sieht bläulich aus,
sein Blut fließt nur schwach.
Wo bin ich?
Ich sehe eine erleuchtete Lichtkugel. Darin befinde ich mich.
Ich kann das Licht in den anderen Kugeln „an- und ausknipsen".
Ich habe die Macht dazu.
Ich kann Ado quälen mit Licht an und Licht aus. Willkürlich.
Damit erfülle ich einen alten Schwur, nämlich den:
Immer werde ich dich hassen.
Ich werde dir viel Schlimmes antun – und antun lassen. So viel
wie möglich.
Du bist mein Gefangener. Mein Eigentum.
Meine Geisel.

Abwechselnd fügen wir einander Leid um Leid zu.
Artgenossen – Tatgenossen – Leidensgenossen.

Ado von jetzt und von damals.
Lass uns einander vergeben.
Zieh deine Rollläden hoch.
Gib deinen Fischen frisches Wasser
und geh hinaus in die Natur.

Im Kosmos

Ich schließe die Augen und
befinde mich im Kosmos.
Es ist unbeschreiblich schön.
Unzählige Sterne, Planeten auf gleicher Höhe wie ich.
Ein Komet zieht vorbei.

Ich auch.

Und was kommt jetzt?

Und und und
kurz und bündig
fix und fertig
klipp und klar
null und nichtig
ab und zu
auf und ab
gut und gerne
und so weiter
und so fort

Viel Spaß beim Lesen
Viel Spaß beim Leben

Bittu Ente? Muttu schwimmen!
Bittu Hase? Muttu rennen.
Grüßen Sie die Nilpferde von mir.
Ein Tropfen Ewigkeit
Erdmännchen – Erdfrauchen
Fürwahr
Dennoch
Einwand
Nee nee nee
Ja ja ja
Akku leer? Muttu aufladen. (Objekt mit Batterie)
Mutti ist Vati und umgekehrt. (moderne Zeit)
Alaaf und Helau (Objekt Konfetti und Luftschlangen)
Die Würfel sind gefallen.
Bei mir klingelt's.
Alles Keks oder was?
Simply Kohl
Verflixt und zugenäht
Fakirfreuden

Dank
Gegenwart
Positiv denken
Verstand ade
Mal was anderes

Lass man

Nimm's nicht übel

Na ja

Wohl wahr

Musst nicht alles glauben

Nimm's nicht so ernst

Tag der Freiheit

Halb so wild

Und was haben die anderen getan

Scheen

Technik heilt, sag mal ein Beispiel

Ach ja, ach so, ach nee.

Interessant

Piep, piep, piep, ich hab dich lieb. (ist nicht von mir)

Wie auch immer

Schönes Wetter heute

Mein Hamster findet das auch.

Leben ist Abenteuer.

Nehmen wie's kommt.

Wieso passiert das immer mir.

Es ist interessant.

Ich bin einverstanden.

Es gibt immer eine Lösung.

Und wenn's die Lösung ist.

Du bist größer als deine Probleme.

Kraft – Courage – Mut – Ruhe – Abwägen – sich nicht überrollen lassen –

du hast gut reden.

৵৵৵

Hierzulande bleibt dir nichts anderes übrig,
als Materie und irdische Wirklichkeit zu überstehen.

৵৵৵

Einen Augenblick lang sah er doch tatsächlich
Lichtwesen auf Lichtwegen.

৵৵৵

Du bist gebildet, aber nicht eingebildet.
Wollen wir zusammen 'n Kaffee trinken?

Peter reist wieder rum in Sachen Damen.
Das hatten wir doch schon so oft.

༶༶༶

o lalamamadubadingdingdinggrubbeldidu
(in einem Wort kann alles ausgedrückt werden)

༶༶༶

Sorgetechnisch hält sich zurzeit
alles in Grenzen.

༶༶༶

Nichts ist wichtiger als das eigene Ich.

༶༶༶

Die Blumen blühen, gleich, ob sie bewundert werden.
Die Rose ist nicht stolz, das Veilchen nicht bescheiden.
Sie blühen einfach und verwelken dann.
Sie „leben" und „sterben" einfach.
So sind sie eben. Die Blumen.

Zen soll ja sein,
wenn wir unsere Taten mit unserem Sein verbinden.
Za-Zen ist: das Sitzen im Sitzen. Gar nicht so einfach.

ॐॐॐ

Alle Menschen mögen glücklich sein!
(Glückliche Menschen haben keine Lust
auf Streit und Krieg. Darum:
Alle Menschen mögen glücklich sein.)

ॐॐॐ

Voll verspannt im Hier und Jetzt.

ॐॐॐ

Beginne jeden Tadel mit einem Lob.

ॐॐॐ

Der Krieg ist ausgebrochen.
Es kann nur das ausbrechen,
was vorher schon da war.

ॐॐॐ

Ich bin (nicht) das unbeschriebene Blatt.

Hast du Klimakterium?
Nee, ich hab bloß Klima.

❧❧❧

Wenn's Ihnen in Deutschland nicht passt,
dann gehen Sie doch nach Holland.
Da war ich schon.
Dann eben nach Frankreich.
Ich kann kein Französisch.

❧❧❧

Tiere haben keine Taschen.
Tiere reisen leicht.
Sie haben alles dabei.

❧❧❧

Nachrichtensprecher unterhält sich mit Reporter.
Fragt den:
„Weiß man denn schon etwas über die Hintergründe der Tat?"
„Nein, die ist noch nicht begangen.
Wir sind unserer Zeit voraus."
Wow!

Manche begraben die Wahrheit
in einem Sarg von Wörtern

❧❧❧

Wie sagte der amerikanische Soldat 1947?
Damals war er Besatzungssoldat in Deutschland.
Er sah ein Eichhörnchen und rief aus:
„Armes Deutschland, kleine Fuuuchs!"

❧❧❧

Ente gut, alles gut.
Das Weihnachtsfest ist ausgebrochen.

❧❧❧

Wir haben das Recht auf freie Meinungsäußerung,
sagt der Karikaturist.
Michael sagt: Ja, aber nicht auf Hetze.

❧❧❧

Im Fitnessstudio lässt man sich
von Maschinen begymnasten.

Das Licht geht aus.
Die Musik bricht ab.
Mein Herz gefriert zu Eis.
Ich höre einen Schuss.
Ein Vogel fällt vom Himmel.

❧❧❧

Sage niemals: Ich hasse den.
Wenn du hasst, kannst du deine Ziele
nicht verfolgen.

❧❧❧

Liebe liebt Liebe.

❧❧❧

Abschiedskraft benötigt Trostgewalt.

❧❧❧

Du darfst an Menschen zweifeln;
du darfst nicht an ihnen verzweifeln.

❧❧❧

Gebrochene Herzen säumen meinen Weg.

McNamara schreibt in seinem Buch,
Der Vietnamkrieg war ein Fehler.
Früh genug für ihn. Für ihn früh genug.
Zu spät für die, deren Namen
in Washington auf der Marmorplatte stehen.

☙☙☙

Ein Mensch, in den viel „investiert" wird (an Liebe),
kann nicht verlorengehen.

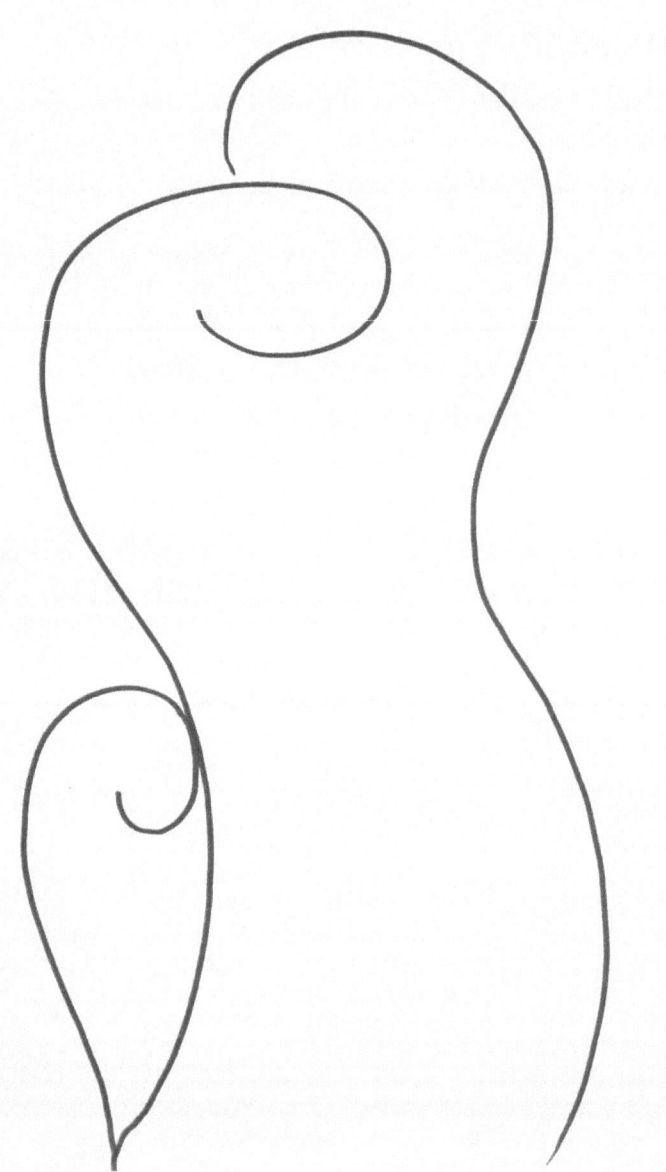

Du sollst ein Engel werden.
Ein Engel, okay, aber doch kein Erzengel!

❧❧❧

St. Franziskus redete mit den Tieren.
Ich rede mit meinen Stofftieren.

❧❧❧

Eine Freundin erzählt mir mit Bedauern,
was sie in sechzig Lebensjahren alles
falsch gemacht hätte.
Ich antworte ihr:
Aber du hast gelebt!

❧❧❧

Du hast Eigentum?
Dann hat das Eigentum dich.
Je mehr Eigentum du hast,
umso mehr hat es dich.

Wir gehen zusammen Eis essen.
Dabei brechen wir das Eis zwischen uns.
Gute Gelegenheit, und noch
lecker dazu.

৵৵৵

Ich konnte dich von Anfang an nicht leiden.
WAAAAS? Ich bin doch so ein sympathischer Mann.
Gerade deshalb.

৵৵৵

Du bist ein Glücksfall.

৵৵৵

Sorgfalt geht vor Schnelligkeit.

৵৵৵

Freunde kann man nicht verlieren;
man kann nur Feinde verlieren.

Muhammad Ali
kam an das Himmelstor und rief:
„Ich bin der Größte!"
Da hörte er die Antwort
hinter dem Tor:
„Jeder ist der Größte."

৵৵৵

Wer alles will,
kann viel verlieren.
Wer wenig will,
kann viel gewinnen.

৵৵৵

Was für eine Ehe war das? Ehe to lay down?
Ehe to sit? Ehe to stay oder Ehe to run away?

৵৵৵

Hol mich hier raus
und bau mich auf.

Wenn ich mich nicht selber gefunden hätte,
wäre ich jetzt schon über der Wupper.
Die fließt in Wuppertal.
Oder muss es heißen
über die Wupper? Egal, Sie wissen, was gemeint ist.

৯৯৯৯

Leider kann ich nicht kämpfen,
das liegt am Schwert.
Es ist zu schwer für mich.

৯৯৯৯

Ich brauche dich, das Haus, den Hund,
Schatz, ich will die Scheidung nicht.
Das sind doch Argumente.

৯৯৯৯

Herr, vergib ihnen,
dann sie wissen, was sie tun.

৯৯৯৯

Das Unheil, welches du nicht angerichtet hast,
ist dein Verdienst.

Jesus trifft man nicht in der ersten Klasse,
es sei denn,
er macht gerade ein Praktikum
als Servicekraft.

৵৵৵

Ich wollte noch absagen,
da war es schon zu spät.
Ich war bereits befruchtet.

৵৵৵

Die Ewigkeit in den Augenblicken holen;
den Augenblick in die Ewigkeit holen.

৵৵৵

Gott ist getreu.
Und warum kommst du regelmäßig zu spät?

৵৵৵

Das soll ne Gabe sein?
Diese Hellsehe- und Hellfühlerei?
Vielen Dank auch; wo ist der Retourzettel?

Ist Herr Gott erst massakriert,
lebt es sich ganz ungeniert.

࿓࿓࿓

Wenn Wasser eingegrenzt wird, wird es brakig.
Wenn Luft eingeengt wird, wird sie stickig.
Wenn Liebe eingezäunt wird, wird sie desktruktiv.

࿓࿓࿓

Bist du dialogisch oder bist du diabolisch?
Beides! Ich dialoge mit Diavolo.

࿓࿓࿓

Ein junger Mann verunglückte mit seinem Motorrad.
Er bleibt querschnittsgelähmt.
Oft denkt er an Selbstmord –
bis seine Eltern zu ihm sagen:
„Hör mal, Micha, Micha, wir brauchen dich!"

࿓࿓࿓

Menschen in einem Altersheim,
die auf Bäume gucken,
haben weniger Beschwerden als Bewohner,
die auf Betonwände gucken.

Liebe ist der Schlüssel zur Erleuchtung;
ohne jegliches Energiesparen.

తతతత

Ist das wahre Lieeebe,
oder ist das Tralalalalaaaaaa

తతతత

Das gibt mir zu denken,
dabei wollte ich doch nicht mehr denken!

తతతత

Manche Menschen machen Bestellungen beim Universum.
Klar, unsere Welt ist halt eine Bestellgesellschaft.
Wenn das Bestellte nicht passt, wird's zurückgeschickt.
Kostenfrei Retour.

తతతత

Viele Senioren und Seniorinnen
sind auf eine merkwürdige Art rastlos.
Schade.

Wie sagte Bernd aus Berlin:
Vor der Heilung liegt die Einsicht.

৵৵৵

Der Mensch ist das Geschöpf Gottes:
Gott ist das Geschöpf des Menschen.
Sagt das keinem Katholiken!

৵৵৵

Toni und Thomas haben in ihrer Ehe das Fegefeuer.
Wenn sie nicht aufpassen,
haben sie bald die Hölle.
So was geht ruckzuck.

৵৵৵

Durch die OP wurde dir ein neues Leben geschenkt,
und was machst du damit?

৵৵৵

Wir sind ziemlich jenseits von Eden.
Wir sind ja sowas von jenseits von Eden.

Bei der Verabschiedung machten wir ernste Gesichter
und wünschten einander Unbrauchbares.

૱૱૱

Zahnlos werden wir geboren,
zahnlos gehen wir wieder – oder mit Gebiss.

૱૱૱

Wenn jemand sagt, sein Leben wäre langweilig,
so äußert er damit innere und/oder äußere Einsamkeit.
Er verbindet sich mit NICHTS.

૱૱૱

Den ersten Weg geht (rutscht) man
ohne Gepäck.
Den Letzten geht (besser gesagt liegt) man
ebenfalls ohne Gepäck.

૱૱૱

Manche Menschen müssen sterben,
andere dürfen sterben.
Müssen bzw. dürfen
ist subjektiv.

Wenn du ein guter Mensch bist,
hast du wahrscheinlich kein leichtes Leben.

৯৯৯

Der eine Politiker nennt seine Frau gern Muschi.
Der Trend geht zur Zweitmuschi,
und das nicht nur bei Politikern.

৯৯৯

Und was kommt jetzt?
Noch mehr Kraut und Rüben.

৯৯৯

Früher habe ich im Mann das Andere geliebt,
dieses Mal liebe ich das Gleiche.

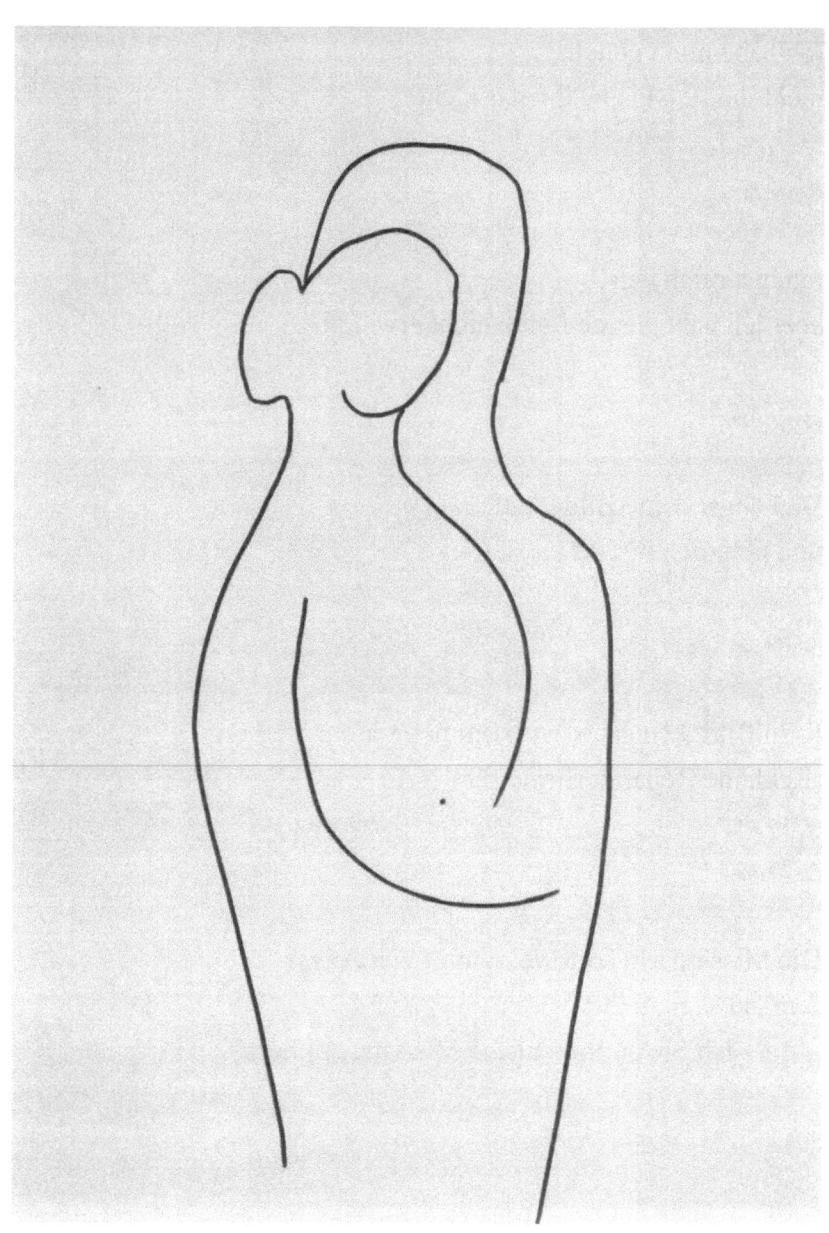

Ich habe mich geliebt,
nicht ihn. Ich kenne ihn gar nicht.

৵৵৵

Ich hab mich geliebt,
aber ich habe meine Liebe nicht erwidert.

৵৵৵

Du hängst deine Bilder auf
und plötzlich bist du zu Hause.

৵৵৵

Kein Bild, kein Ton, wir kommen schon.
(Reklame Reparaturfirma für TV.)

৵৵৵

Die Missionarin hatte verdammt viel Angst.
Jemand sagt zu ihr:
„Muss ich Sie an Ihre eigene Message erinnern?“

Entweder wir besteigen das Schiff
oder wir bleiben an Land.
Beides gleichzeitig geht nicht.

అఅఅ

Du bist nicht mein Problem,
du bist meine Lösung.

అఅఅ

Wenn Bomben auf Friedhöfe fallen,
verlieren die ihre wahre Bestimmung (die Friedhöfe).
Sie heißen nämlich
Fried-Höfe (und nicht Bomben-Krater).

అఅఅ

Eifersucht ist eine Leidenschaft,
die mit Eifer sucht,
was Leiden schafft.
(Könnte von mir sein, der Spruch.)

Jeder Wettkampf ruft
Eifersucht hervor,
ist ein Akt
gegen die Güte der Erde.

෨෨෨

Ist aus der Schrift, ist nicht von mir:
Tadle nicht den Frevler, damit er dich nicht hasse.
Unterrichte den Weisen, so wird er noch weiser.
Belehre den Gerechten, so wächst er an Bildung.
Weise halten sich zurück mit ihrem Wissen.
Des Toren Mund jedoch ist nahes Unheil.

෨෨෨

Wenn ich den Blumenstrauß vor den
Spiegel stelle,
verdoppele ich die Anzahl der Blüten.

෨෨෨

Erinnere dich an die Genfer Konvention:
(Schwer-)Verwundete, die schon am Boden liegen,
erschießt man nicht.
Man tritt sie auch nicht. Man verschont sie erst dann,
wenn sie am Boden liegen.

Wie sagte der Herr:
Wenn du einen Menschen schlägst,
schlägst du mich.
Da sagte Elisabeth zum Herrn:
Dann mach ich das nicht mehr.

৵৵৵

Ihr müsst mich verstehen, ich hasse nicht euch,
ich hasse euer Verhalten. Euch selber hasse ich nicht.

৵৵৵

Herr, bitte, verschone mich mit Kotzbrocken, Edelzicken,
Arroganz-, Intoleranz- und Ignoranzlern.
Ich höre dich fragen:
„Und was bist du?"
Ich höre mich antworten:
„Okay, okay, hab schon verstanden."

৵৵৵

Ich glaube nicht, ich weiß.

৵৵৵

Wenn du denkst, du wärest erleuchtet,
dann fahre an Weihnachten zu deinen Eltern.

Du bist ein Glücksfall!

సౌసౌసౌ

Sorgfalt geht vor Schnelligkeit.

సౌసౌసౌ

Ich rede erst dann mit dir,
wenn ich keinen Hass mehr hab (auf dich).
Nur dann wird es ein Gespräch.

సౌసౌసౌ

Sie sind eines von den Wundern,
welche die Erde so nötig hat.
Ich meine Sie!

సౌసౌసౌ

Ich habe ein Recht auf ein Leben nach dem Leben.

సౌసౌసౌ

Wenn nicht klappt, was ich vorhabe,
dann lasse ich das los. Dann geht es auch ohne das.
Etwas anderes klappt immer. Meistens jedenfalls.

Wie sagt eine Freundin
(sie weiß, wovon sie redet)
„Gott schickt viele Männer vorbei;
ich muss sie ja nicht alle nehmen."

❧❧❧

Ist das Kunst?
Warum nicht!

❧❧❧

An jenem Tag weinte Jesus dreimal.
Aber niemand hat es bemerkt.

❧❧❧

Seit Dezember werden jetzt auch kleine Waffen produziert.
Für Kindersoldaten.

„Dreimal wollte ich mich vor den Zug werfen.
Dreimal bin ich zurückgesprungen, als er kam.
Ich musste weiterleben, denn
sonst wäre keiner mehr dagewesen,
der Blumen auf die Gräber legt."
(Überlebende des Atomwaffenabwurfes auf Nagasaki 1945)

෴෴෴

Stell den Fernseher an.
Was möchtest du denn sehen?
Egal, Hauptsache irgendwas mit Liebe.

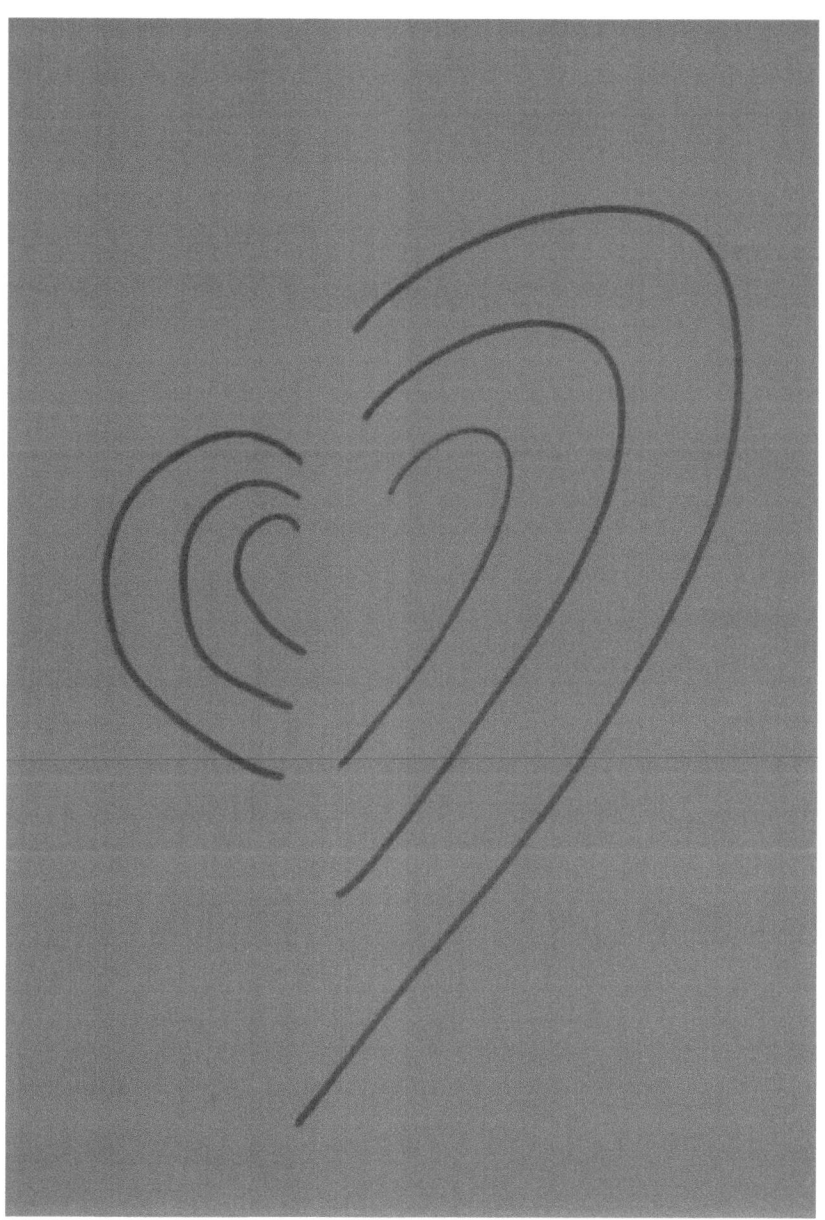

Der Zeitungsmann sagt, ich solle nicht fremdgehen.

Dabei kennt der mich gar nicht.

෴෴෴

Ein kleiner Junge sagt zu seiner Mutter:
Im Kindergarten habe ich lieb geseint.

෴෴෴

Traumhaft unvollkommene Qualität genießen.
Abgeben bedeutet nicht aufgeben. Echt nicht.
Vergeben bedeutet nicht
weitermachen wie bisher. Nö.

෴෴෴

Willst du auf dem Südfriedhof beerdigt werden?
Nee.
Warum nicht?
Da sind zu viele Tote.

Bittu Gutmensch?
Muttu lachen.
Bittu Schlechtmensch?
Muttu betrügen.
Bittu gar nix?
Muttu gar nix.

かかか

Ich möchte Gutmensch sein. Meistens tu ich schon so
als ob.
Warum?
Ist doch klar; als Gutmensch fühle ich mich gut.
Als Schlechtmensch fühle ich mich schlecht.
Als Sehrschlechtmensch fühle ich mich sauschlecht.
(Säue mögen den Ausdruck entschuldigen.)

かかか

Du bist ein beispielloses Beispiel.
Du bist eines von den Wundern, welche die Erde nötig hat.

かかか

Jesus hat geheilt.
Er hat nicht operiert.

Gott ist größer als meine Probleme.

Nein, nicht immer.

In dem Fall ruf ich meine Freundin an.

❧❧❧

Manche Menschen sprechen das Glaubensbekenntnis,
andere das Unglaubensbekenntnis.

❧❧❧

Ich mache gern Spaß mit allen.

Fast alle lachen.

Fast immer.

Manchmal lache ich alleine. Aber nur kurz.

Dann tu ich so, als ob nix war. Sagte Nico.

❧❧❧

Der Zahnarzt muss (m) einen Zahn ziehen.

Er macht sich bereit.

Ich werde nervös und sage:

Ich weiß gar nicht, wie ich den Zahn rauskriegen soll.

Der Zahnarzt antwortet:

Das mache ich.

Da lehne ich mich beruhigt im Zahnarztstuhl zurück.

Da war dieser alte Mann, er bettelte.

Zuerst gab ich ihm zwei Euro und dann noch mal fünf.

Er: Haben Sie dann überhaupt noch genug? Ich will Sie nicht ausnutzen.

Solche Bettler gibt es.

❧❧❧

Wann kehrt endlich Lebensfriede ein auf der Erde?

Wir sind ziemlich

Jenseits von Eden.

Genauer gesagt:

Wir sind ja sowas von Jenseits von Eden.

❧❧❧

Die B's haben das Fegefeuer.

Wenn sie nicht bald etwas daran ändern,

kriegen sie die Hölle.

Hölle ist kein Ort.

Hölle ist ein Zustand.

Wie können wir lernen,
mit Verrückten umzugehen, ohne selber …
mit Selbstmördern umzugehen, ohne selber …
mit Mördern umzugehen, ohne selber …
Ich möchte nicht desinteressiert und nicht urteilend sein.
Das könnte die negativen Kräfte verstärken und …
geradewegs in die Katastrophe führen.

… und Katastrophen gibt es schon viel zu viele.

෨෨෨

Wenn ein Kind hinfällt und sich wehtut,
dann schimpft man es nicht aus.
Man hilft ihm auf die Beine,
pustet auf die schmerzende Stelle und
klopft vorsichtig den Schmutz von der Kleidung.

෨෨෨

Warum hatter nich'
warum isser nich'
warum willer nich'
warum tuter nich'

Die Erinnerungen sitzen in den zusammengezogenen Muskeln,
gespannten Sehnen, im Schlaf mahlenden Kiefern.
Sie möchten entlastet werden.
Guten Morgen, lieber Morgen!

༄༄༄

Igor, Igor ist immer im Park.
Igor ist Hund.

༄༄༄

Lieber Gott, wenn es dich gibt,
bitte, bitte mach, dass alle Leute lieb sind.
Am liebsten zu mir.

༄༄༄

Zuerst haben sie in der Bäckerei die Marzipanteilchen so teuer
gemacht.
Nun haben sie statt Marzipan so einen komischen Saft eingebaut.
Ich finde das gemein.

Martina hätte zu ihrer Mutter gesagt:

Verpiss dich.

Und zu ihrem Vater:

Halt die Fresse.

Und was kommt als Nächstes?

ৡৡৡৡ

Ich bekomme im Geschäft einen Gutschein.

Ich freue mich.

Gutscheine sind besser als Schlechtscheine.

ৡৡৡৡ

Die Dame sagte zu mir, ich wäre ein Beispiel dafür, dass Männer vor gutaussehenden Frauen (wie ihr) Schiss hätten.

Deswegen würden die (Männer) dann mit solchen Frauen (wie mir) anbändeln.

Ach so.

ৡৡৡৡ

Fakten lassen sich nicht managen.

Entweder man leugnet sie

oder man ignoriert sie

oder man erkennt sie (an).

Jeder Mensch kann/könnte mit anderen Menschen,
mit Tieren, mit Unsichtbaren und auch mit Gegenständen
kommunizieren, denn:
Alles ist belebt, alles ist beseelt.
Einfach alles.
In diesem Sinne;
gute Unterhaltung.

Warum kann er nicht sterben?

Zu Lebzeiten hat er sich eine Menge Feinde gemacht.
Er hat viele Menschen gedemütigt, betrogen, verletzt.
Nun ahnt er, dass die „hinter dem Vorhang" auf ihn warten.
Dann ginge das Gemetzel drüben weiter.
Darum kann B. nicht sterben.
Was kann er tun, damit es leichter geht?
Er kann last minute
um Vergebung bitten.
Das kann er tun.
Dafür ist es nie zu spät.
Und nie zu früh.

Warum hast du mich verlassen?

Ich stand, wir stehen. Ich hatte geschwollene Füße vom langen
Stehen und es war heiß und staubig. Wie ich schon früher berich-
tet habe, war ich nur wegen Maria mitgekommen. Es war immer
noch Karfreitag wie damals, nur dass man den Tag damals nicht
so nannte. Ich stand also links neben Maria und bemühte mich,
nicht hochzuschauen. Wir waren einige Leute. Wir durften nicht
laut und auffällig weinen, weil dann die Soldaten böse geworden
wären. Wir passten nicht in ihr Schema. So ordentliche und anständige Leute als Trauergruppe für einen Verbrecher, einen Got-
teslästerer, den sie soeben ans Kreuz geschlagen hatten, fanden
sie komisch, fanden sie suspekt. Und wir hielten zu ihm, ohne
Stress und Ärger zu verursachen. Wir passten nicht in ihr Bild.
Wie auch immer, sie hatten keine Zeit für Mutmaßungen, sie
wollten ihre Arbeit schnell und korrekt erledigen. Zügig eben.
Schließlich wurden sie nach Stückzahl bezahlt, nagelten also im
Akkord.
Im Sand sah ich noch Ersatznägel liegen, für den Fall, dass mal
einer krummgeschlagen wurde in der Eile und nicht durchging.
Ein Hammer lag daneben.
Die Soldaten waren ungeheuer frech. Was da gesprochen und
gerufen wurde, drang nicht in mich hinein, aber es war sehr, sehr
böse und obszön.
Ich und wir mussten alle unsere Empfindungen im Körper halten,
durften um keinen Preis auffallen, auch nicht ohnmächtig wer-
den, nicht einmal das.

Ströme von Schweiß und Tränen liefen an unseren Körpern herunter.

Das war Ewigkeit. Dies hier hört niemals auf.

Ich hatte Maria nur begleiten wollen, Frauensolidarität sozusagen … hatte mich aber maßlos überschätzt, wie ich jetzt merkte, war ich mittlerweile hoffnungslos überfordert. Ich wollte da weg. Nur noch weg.

Was hatte ich schon mit dem Nazarener am Hut? Er war Marias Sohn. Na und.

Ein-, zweimal versuchte ich, hochzuschauen, brach aber ab und schaute wieder auf den steinigen, sandigen Boden. Ich hielt das nicht mehr aus. Wollte Maria nicht im Stich lassen, aber wollte weg von diesem Ort und aus dieser Zeit. Und war doch gebannt an dieses Ereignis und an diesen Platz.

Karfreitag forever.

Als das Leid auf dem Höhepunkt angekommen war, blitzte und donnerte es. Es tat einen gewaltigen Schlag, nachdem der da oben gesagt hatte: Mein Gott, mein Gott, warum hast du mich verlassen.

Der Donner schleuderte mich auf den Boden, und dann flüchtete ich. Es war stockdunkel. Ich stolperte über einen gerade angenagelten Mann, der auf seinem Kreuz am Boden lag und über Werkzeuge.

Weg. Nur weg.

Unterwegs sah ich viele Seelen, die ihren Körper verlassen hatten und Geister, die aus ihren Gräbern gekommen waren. Teils riefen sie: Hosianna. Teils riefen sie: Kreuzigt ihn, kreuzigt ihn.

Ich verstand das alles nicht. Ich begriff gar nichts mehr.

Und lief und lief, bis ich niemandem mehr begegnete. Bis ich ganz alleine war. Immer noch zitternd setzte ich mich irgendwohin.

Langsam wurde ich ruhiger. Das Zittern ebbte ab.

Mir wurde klar, weshalb ich zeitlebens in meinen Karfreitagsgefühlen steckengeblieben war. Ich war gebannt in die Worte: Mein Gott, warum hast du mich verlassen.

Dann war ich geflohen.

Mitten in seinem Todeskampf, mitten in meinem Todeskampf, mitten in unserem Todeskampf war ich geflohen. Hatte nicht standgehalten, nicht durchgestanden.

Einwilligung in das Leiden und Sterben hatte ich nicht gegeben.

Der Heimkehr in das Reich Gottes

hatte ich nicht mehr beigewohnt.

Warum hab ich dich verlassen?

Vater, in deine Hände befehle ich meine Geist.

Zum guten Schluss

Die Bücher des Lebens

Also, ich bin ja vor einigen Monaten umgezogen, und nun habe ich etwa einen Meter und zwanzig Fotoalben im Regal stehen und einen Karton Tagebücher. Ich dachte mir schon seit einiger Zeit, ich sehe die mir alle mal an, damit ich in den Stunden meines Todes nicht mehr so viel zu tun habe bei der Rückschau auf das vergangene Leben beziehungsweise im Jenseits mit der – wie man es heute nennt – Aufarbeitung desselben. Also, ich dachte, ich würde die kommenden Monate, notfalls auch Jahre darauf verwenden. Ich hatte mich bislang kaum getraut, in die Bücher hineinzuschauen, denn was mir da entgegenkam, war nicht schön. Ich finde die Fotos, auch die von mir, alle nett. Die anderen habe ich sofort aussortiert. Aber inhaltlich finde ich meinen Lebenslauf ziemlich unmöglich, und das buchstäblich. Er war wie ein Wasserfall, der sich im Herabstürzen noch überschlug. Nur weil ich Wasser war, zerschellte ich nicht an den Felsen. Und so wollte ich mich nun darangeben, das Ganze noch mal aufzurollen.

Das mach ich jetzt mal. Siehste? Geht doch.

Nun schaue ich aus dem Fenster meiner Wohnung. Dort sehe ich, wie in der irdischen Realität ältere und alte Menschen fast wie in Zeitlupe vorbeigehen, oft mit Rollator. Meine Krankenkasse hatte mir ja auch schon so einen Rollator zur Verfügung gestellt. Ich habe ihn erst mal in den Keller getan, bevor H. zu Besuch kam. Der sollte den nicht sehen. Also, da steht er nun nagelneu im Keller.

Ich stehe also wieder an meinem Fenster in der Seniorensiedlung und sehe diese alten Menschen vorbeiziehen. Dann macht die Zeit einen Satz in die Zukunft, zehn oder zwanzig Jahre weiter. Ich sehe da von meinem Fenster aus, mich selber da draußen vorbeifahren. Habe kein Mitleid mit der Frau, warum auch. Ich finde sie immer noch nett und nicht verbittert. Darüber bin ich froh.

Nun bin ich wieder in meinem Zimmer und denke mir, dass dies kein schlechter Platz zum Sterben ist.

Vorher schreibe ich vielleicht noch 'n Buch.

Schreiben geht nur, wenn dann noch Worte da sind.

Das war's für heute.

Das nächste Kapitel ist noch nicht geschrieben, weil es noch gar nicht passiert ist. Das kommt erst noch. So oder so, es kommt. Immer geht es weiter.

Zeitfracht Medien GmbH
Ferdinand-Jühlke-Straße 7
99095 Erfurt, Deutschland
produktsicherheit@kolibri360.de